育てやすい&たくさんとれる

一坪ミニ菜園入門

和田義弥・著

山と溪谷社

はじめに

自給自足的な暮らしがしたくて、14年前に茨城県筑波山麓の農村に来た。その日から、フリーライターという仕事のかたわらで米や野菜を作り、ヤギやニワトリを飼って、できる範囲で自給自足的暮らしを楽しんでいる。それは生活のためというより遊びに近い。耕作している田畑はおよそ5反（約5000㎡）にもなるが、そんな私がなぜ今、1坪（約3・3㎡）というミニ菜園をすすめるのか？ それは生産性と管理のしやすさを追求していくと、やたらと広い畑を耕すより、ミニマムな菜園で、必要最低限の野菜を作るほうがさまざまな面で効率的なことに気づいたからだ。その最小限の広さが1坪なのである。

では、具体的にミニ菜園のなにが効率的なのか？

第一に、**土を耕す労力がいらない**。多少でも農作業をしたことがある人ならわかると思うが、土を耕すというのはものすごく大変である。趣味で家庭菜園をやるにしても、気持ちよく汗をかけるのはせいぜい10坪程度だろう。それ以上は耕うん機を使わないとてもじゃないが続けられない。その点、ミニ菜園なら最初の土づくりを除けば、その後に鍬で土を耕すことはほとんどない。耕うん機を買う必要もないのでコストも抑えられる。

第二に、**除草がとにかく楽**である。広い畑はたくさんの野菜を作れるが、それ以上に草が生えることも忘れてはいけない。なにもしなければ夏の畑はあっという間に草に埋もれてしまう。実際、私は5月から9月まで毎朝1時間ほど田畑の除草に汗を流している。それくらいやらないと、畑の野菜や田んぼの稲は草に負

けてしまうのだ。しかし、ミニ菜園ならそんな苦労はしなくていい。草が生え始めたら草刈り鎌や熊手でちょいちょいと根を切ってやれば、それで終わり。1週間に1〜2回、10分も除草すれば草のない美しい菜園を維持できる。除草の時間と労力を限りなく最小化できるのだ。

三つめは、**野菜の生育に適した土が簡単にできる**ことだ。野菜づくりで最も大切なのは土だ。なぜなら野菜は土に根を張って養分や水分を吸収するから。もともと畑だった肥沃な土地なら問題ないが、家庭菜園の場合、庭先や造成地、長年放置されたような荒れ地を開墾するケースも多い。かく言う私の畑も、その一部は田んぼを埋め立てた土地だったため水はけが悪く、小石交じりで、最初はとても野菜が育つような土ではなかった。それを長年かけて石を取り除き、堆肥を投入して土壌を少しずつ改善していった。野菜がよく育つようになるまで10年かかった。そんな土づくりの問題も、ミニ菜園なら培養土や堆肥を入れてやればすぐに解決する。何年もかけて土づくりをする必要がないのである。

と、ここまで時間と労力とコストのミニマム化によって得られるメリットを述べてきたが、そんなに小さな菜園では栽培できる野菜も限られるのでは？　という心配もあるだろう。もちろん1坪で家族が食べる野菜をすべて自給するのは難しい。しかし、初夏から晩秋の菜園シーズンはほぼ毎日、畑で収穫したなにかしらの野菜料理を楽しめるはずだ。育てられる野菜の**基本は年間32品目。それが約2m×2m、およそ畳2枚分の広さで実現できる**のである。

最小限の広さと労力、時間、コストで、最大限の収穫を得る。それが一坪ミニ菜園のメソッドだ。本書では、そのためのワザとミニ菜園に特化した野菜づくりのコツを紹介していく。

もくじ

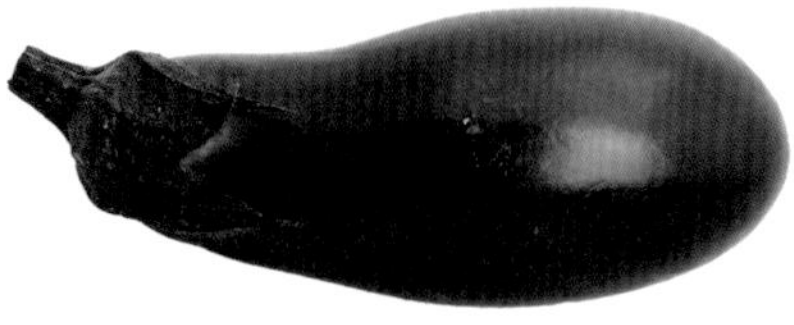

●本書は『やさい畑』（家の光協会）の連載「一坪ミニ菜園のすすめ」に加筆、修正してまとめたものです。
●本書の栽培時期は、関東地方平野部の一般地を基準にしています。

一坪ミニ菜園とは？

1坪で年間32品目

広さは約2m×2m、畳2枚分のスペースを4×4の16マスに区切り、1マス1品目を基本にして、春植えと秋植えで年間32品目を栽培。植えつけや収穫の時期が異なる野菜を一緒に栽培しても管理がしやすい。

野菜の生育に適した土

広さが限られるので、少ない量の堆肥や培養土で簡単に土づくりができる。肥料は作付けごとに有機質肥料を必要量施すだけ。もちろん無農薬にこだわる。

木やレンガで枠を作る

枠を設けることで周囲の地面より高くなり、水はけが改善。野菜が根を伸ばす範囲も増える。雨や風による土や養分の流出も抑えられ、庭の景観としても映える。

一坪ミニ菜園はこんな人におすすめ！

- 庭先のちょっとしたスペースを利用したい
- 耕うんや除草に手間や時間をかけたくない
- 無農薬・無化学肥料で健康的な野菜を作りたい
- 難しいことはしたくない
- 管理しやすく、おしゃれな菜園にしたい
- 限られた広さでもたくさんの種類の野菜を作りたい

第一章

ミニ菜園の作り方

畳2枚分の広さで夏作・秋作各16品目を育てられる！

ミニ菜園の広さには理由がある

2m×2mの枠をひもで区切る

理由1 木材の規格で作れる

木材の寸法には規格があり、おおむね4m、2m、1・82mの長さで販売されている。1・82mというのは中途半端な長さだが、これは昔ながらの尺貫法に由来した長さで、畳の長辺に相当する6尺が約1・82mなのだ。つまり2m×2mの枠なら、**木材を切らずにそのままのサイズで効率的に使える**のである。

理由2 4×4マスに区切ると16品目を栽培できる

枠にひもを張って4×4マスに区切ると、隣り合うマスの中心から中心までの長さは40～50cmになる。これは1マスに1つの野菜を植えつけた場合の株間に相当する。トマトやキュウリ、キャベツ、ジャガイモ、ダイコンなど、**多くの野菜において40～50cmはちょうどいい株間**なのだ。

8月のミニ菜園の様子

草丈が伸びる作物は日照を遮らないように北側で育てる。支柱を立ててトマトとキュウリを栽培
枝葉の広がるナスは4マス使って広々と育てる。株元のスペースを生かしてラッカセイを混植
雑草の防除と地表の乾燥を抑える目的で、オクラの株元をわらでマルチング。刈り取った雑草を敷いてもよい
6月下旬に春作のジャガイモを収穫したあと、秋作のキャベツやブロッコリーに備える

理由3

枠の中まで手が届くので、管理しやすい

枠の大きさは庭や畑の広さによってアレンジもできるが、広すぎると枠の中に入って作業しなくてはならず、管理が大変なうえに土を踏み固めてしまう恐れもある。その点で2m×2mは広すぎず、狭すぎず、**一日の空いた時間でサッと作業ができるサイズ**で、枠の外側から中まで手が届くので管理も楽なのである。

理由4

小さな庭や市民農園にぴったり

2m×2mはおよそ畳2枚分の広さに相当し、住宅地の小さな庭や広さの限られた市民農園でも設置しやすい。庭の形に合わせて2×8マスの長方形にしたり、広さに余裕があれば2～3枚のミニ菜園を組み合わせてレイアウトしたりもできる。南北に畝が並んだよくある畑より、きっと**見た目も素敵**になる。

作り方は簡単！3ステップ

枠を作る
↓
土・資材を入れる
↓
ひもを張る

市販の資材で枠組みを作る
ミニ菜園を作るための材料

幅、厚みのある木材に防腐塗料を塗布する

ミニ菜園の枠は木材で作るのがよい。なぜなら、軽くて加工しやすく、価格も手ごろだからだ。ホームセンターに行けば樹種やサイズの異なるいろいろな木材が並んでいる。中でもメジャーなのは「ツーバイ材」と呼ばれる輸入材だ。樹種は主にSPF。これはスプルース（ベイトウヒ）、パイン（マツ類）、ファー（モミ類）の総称で、アルファベットの頭文字を合わせてそう呼ばれている。サイズは木口※1の断面寸法で規格され、単位はインチ。1×4（ワンバイフォー）、2×4（ツーバイフォー）、2×6（ツーバイシックス）などサイズがいろいろある。**ミニ菜園の枠としては厚み、幅のある2×8（ツーバイエイト／38×184㎜）や2×10（ツーバイテン／38×235㎜）が適している。**

木材の欠点としては、紫外線や風雨にさらされると経年で傷んでくることだ。土に触れている部分は微生物の活動で腐食も進行する。それを少しでも抑えるために**木材保護塗料を2～3回塗り重ねる。**樹種にもよるが経験的に10年はもつ。ちょっと高価だが、庭のエクステリアとしても人気がある枕木なら耐久性が高く、重厚で見た目のインパクトもある。木材以外では、レンガを使うと洒落た美しい菜園ができる。腐食の心配もなく庭の景観としても素敵だ。

ミニ菜園に適した材料

枕木

鉄道のレールを支える構造部材の再利用品で、耐久性の高い樹種に防腐処理がされている。DIY用に作られた新品の枕木もある。厚みがあり、エクステリアとして映えるが、価格はやや高め。

ツーバイ材

ホームセンターで手に入る最もメジャーな木材で、サイズも豊富。樹種はSPFのほかにも、耐久性の高いウエスタンレッドシダー（ベイスギ）やヒノキのツーバイ材もある。

国産材

日本で昔から使われてきたスギ、ヒノキ、マツなどの木材。断面が120mm角以上の木材なら、枕木と遜色のない重厚な雰囲気を醸し出せる。

※1　木口…木材の切断面

木材以外の材料

レンガ

洒落た花壇風の菜園を作りたい人におすすめ。レンガの厚みは6cmほどなので、高さを確保するには4〜5段積み重ねる。モルタルで固定すれば安定する。

コンクリートブロック

ホームセンターで、1個200円程度で入手できる。2m×2mの枠を作るには20個程度必要。見た目はちょっと味気ないが、木材のように腐食する心配はない。

丸太

間伐材や薪が手に入る環境なら丸太や自然木で枠を組んでも面白い。丸太は長いものを横にしてもよいし、短く切ったものを縦にして並べても安定感が出る。

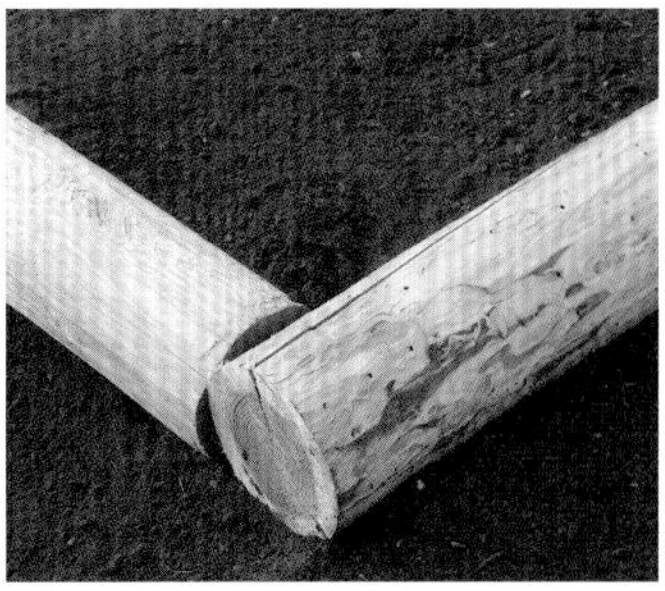

畔板

田んぼの畔の水止めに使う樹脂製の板。サイズは幅300〜600×長さ1200mm。連結させれば枠ができる。ホームセンターで手に入り、手軽に扱える。

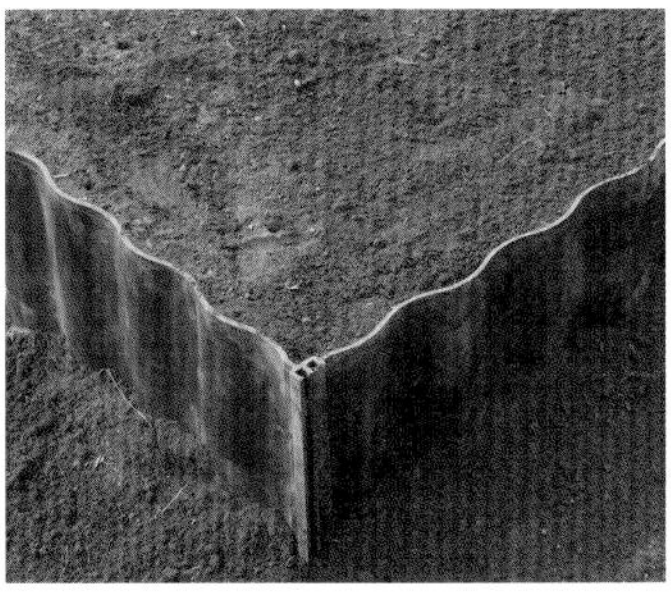

自然石

一つとして同じものはなく、形や大きさをうまく組み合わせることで個性を演出できる。石には蓄熱性があるため、地温を高める効果も期待できる。

竹

竹も木材と同じように昔から暮らしに利用されてきた材料。太くて厚みのある孟宗竹《もうそうちく》が向く。成長が鈍化し、水分が少なくなる秋に切り出すと長もちする。

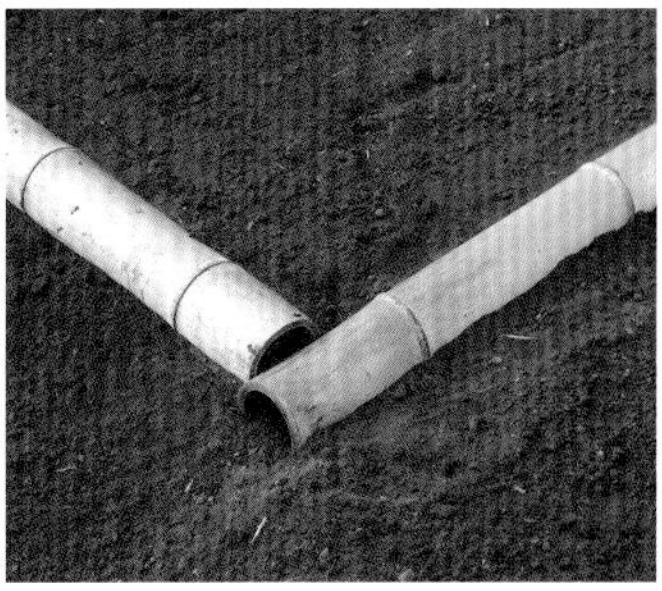

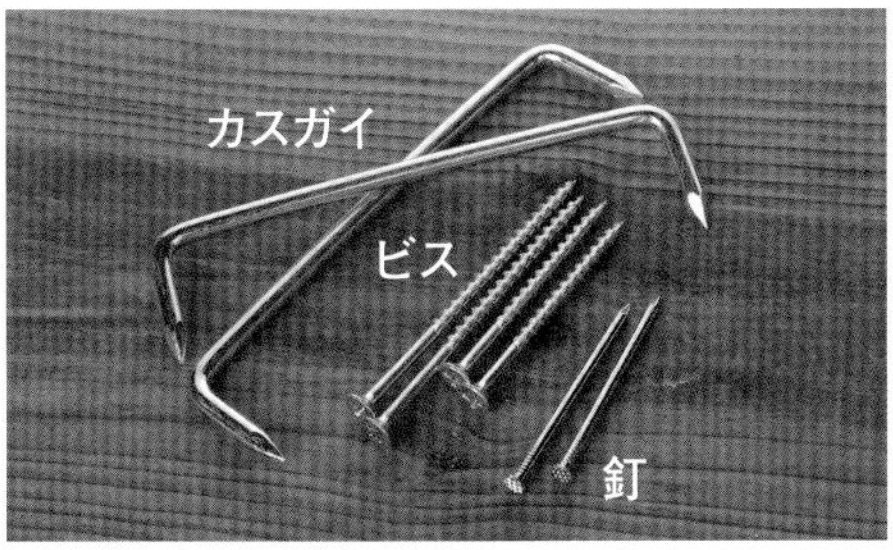

木材を組むための接合金物

木材を固定するには釘、ビス、カスガイなどの金物が必要になる。ビスとは木工用の木ネジのことで、正式にはコースレッドという。電動工具のインパクトドライバーを使って打ち込む。カスガイはコの字形をした金物で、枕木のような厚みのある材を接合するのに便利。

日当たり、水はけのよい場所に設置する

場所を決めて枠を組む

光合成のためには太陽の光が必要

ミニ菜園をどこに作るかは、最初に考えなくてはならないことであり、野菜を育てるうえでとても重要な要素である。利用できる庭や土地が限られている場合でも、その中でなるべくいい場所を選びたい。なぜなら、野菜をうまく育てるには、前提としてその場所が野菜の生育に適していなくてはいけないからだ。逆を言えば、適した場所でないと、どんなに土が肥沃で熱心に管理をしても、健康的な野菜を育てるのは難しい。場所選びは家を建てるときのように慎重に考えるべきだ。

では、どんな場所がよいか——。

第一に優先すべきは日当たりがよいこと。植物は光合成により自ら養分をつくり出し、その生命を維持している。太陽の光は絶対に必要であり、**少なくても半日は日が当たる場所**が求められる。

次に、風通しや水はけがよいこと。多くの野菜は過湿を嫌うので、いつもじめじめとして、雨のあとに水たまりができるような場所は避けたほうがよい。**日当たり、風通し、水はけがよければ病害虫も発生しにくくなる**。

加えて石などが交じっていないやわらかい土ならいうことはない。ただ、ミニ菜園の場合、土はふるいにかけたり、堆肥や培養土を加えたりして簡単に改善できるので、景観を考えて場所を決めてもいい。

一日中日が当たる家の南側が理想的

ミニ菜園を作る場所

- 日当たりがよい
- 水はけがよい
- 風通しがよい
- 景観がよい
- 生活動線がよい

SPF2×8材による枠の組み方

ミニ菜園を作る場所が決まったら枠を組む。ホームセンターで手に入るSPF2×8材は、ミニ菜園にちょうどいい厚さ(38mm)と幅(184mm)があり、価格も手ごろで扱いやすい。

1 場所を決めて地面を掘る

ミニ菜園の枠を設置する場所に、棒などで線を引き、その線に沿って地面を深さ5〜10cm掘る。

2 木材保護塗料を塗る

6フィート※1(約1820mm)のSPF2×8材を4本用意する。設置する前に全体に木材保護塗料を塗る。一度塗ったあと、乾かして2度塗りすると耐久性が高まる。

3 枠を組む

塗装が乾いたら、ビス(木ネジ)や釘を使ってSPF2×8材で四角い枠を組む。ビスや釘は長さ75mm、または90mmを使い、角に2本ずつ打つ。

4 枠を設置する

地面を掘った場所に枠を設置する。枠は地表から10cm程度立ち上がるようにする。枠の上面に水平器※2を置いて、水平になるように調整する。

5 枠の周りを固める

枠の周りの隙間に掘り出した土を詰めて木材などでよく突き固め、簡単に枠が動かないようにする。

6 完成

多少DIYの経験がある人なら、塗装を除いて20分ほどで作れる。木材保護塗料を塗ることで経験的に10年は使える。

※1 6フィート…主に北米から輸入されるツーバイ材の長さの規格のひとつ。単位記号は「ft/フィート」。3ft(約910mm)、6ft(約1820mm)、8ft(約2440mm)、10ft(約3050mm)、12ft(約3650mm)がある。

※2 水平器…気泡によって地面との水平を測定する道具。簡易的なものは100円ショップでも手に入る。スマートフォンには同様の機能のアプリもある。

よい野菜は、よい土が育てる 土と資材を入れる

最小限の資材で極上の土をつくる

野菜は土に根を張って水分や養分を吸収する。根の広がりは土の状態によって左右され、土がよければ根は健全に発達し、野菜も元気に育つ。

よい土の条件とは、①**十分な空気を含んでいること**、②**適度な水分を保持し、水はけがよいこと**、③**養分を蓄えられ、土壌酸度(pH)**※1**が適正なこと**、④**多様な微生物が生息していること**などである。一般に団粒構造の土といわれ、手でさわるとふかふかしており、踏むと足が沈んでいくような軽くてやわらかい土だ。

もともと畑ではない場所で野菜を育てる場合、まずはよい土をつくることから始めなくてはいけない。かたく締まった土を深く耕し、無数の石を取り除き、堆肥を投入して微生物が増えることでちょっとずつ土はよくなっていく。一朝一夕にはいかない数年がかりの気が長くなる作業だ。

しかし、栽培スペースを枠で区切り、その中だけで土づくりを行う**ミニ菜園なら野菜にとって理想的な土を最小限の手間と時間で簡単につくることができる**。最初にきちんと土をつくっておけば、植えつけごとの土づくりは不要。鍬で耕したり、畝を立てたりする必要もない。年に1回を目安に堆肥を入れてやれば、野菜づくりに適した土を維持できる。

団粒構造の土

- 水はけがよい
- 通気性がよい
- 保水性がよい
- 保肥性がよい
- 土壌酸度が適正である

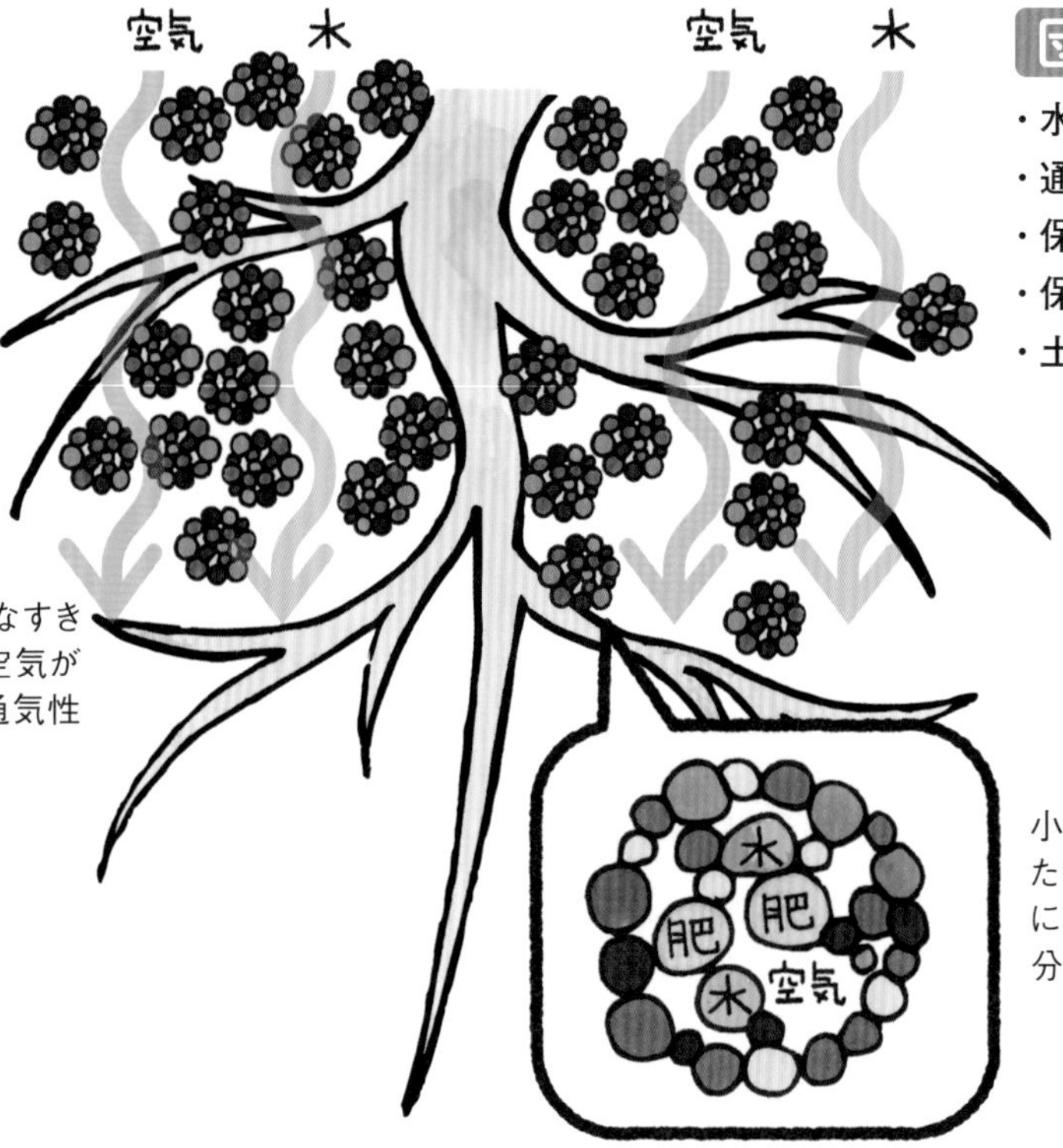

団粒同士の大きなすき間を余分な水や空気が流れ、水はけや通気性がよい

小さな土の粒が集まったものが団粒。すき間に必要な水分や肥料分、空気が保たれる

※1　土壌酸度(pH)…土の水素イオン濃度を表す指数で、pH0〜14の数値で表される。pH7が中性で、7以下は酸性、7以上はアルカリ性。
※2　元肥…種まきや植えつけ前に事前に施しておく肥料。
※3　追肥…作物の生育中に、追加で施す肥料。

土を耕して資材を入れる

かたく締まった土は深さ30cmを目安によく耕し、石は取り除く。堆肥や肥料は野菜の栽培を始める20日前までに投入し、土によくなじませておくこと。

1 堆肥、腐葉土、籾殻くん炭をまく

石を取り除いてよく耕した土に牛ふん堆肥、腐葉土、籾殻くん炭を入れる。枠がいっぱいにならない場合は畑土や培養土を足して補う。

2 有機質肥料を入れる

ミニ菜園全面に有機質肥料をまく。これから育てる野菜の元肥※2となる。野菜の生育中に肥料分が足りなくなった場合は追肥※3で補う。

3 土を耕す

堆肥や肥料を入れたら、偏りがないようによく耕して均一に土に混ぜ込む。

4 表面をならす

全体をよく耕したら、表面を平らにならす。堆肥や有機質肥料は効果が現れるまで時間がかかるので、ここまでの作業は、作付けの20日前までに行う。

使用する土と資材

ミニ菜園に最初に投入する資材は以下の5つ。牛ふん堆肥と腐葉土で土壌の水はけや通気性を改善し、籾殻くん炭でpHを調整。有機質肥料は野菜の養分になる。

※（　）内の数値は約2m×2mのミニ菜園に使用する目安の量。

牛ふん堆肥（80ℓ）

牛ふんを発酵させたもの。繊維分が多く、土をふかふかにする効果が高い。かたく締まった土や砂質土、粘質土の土壌改良に効果的。多少の肥料分を含む。

腐葉土（50ℓ）

広葉樹の落ち葉を堆積させて発酵させたもの。保水性、排水性の改善に優れる。肥料分はほとんど含まない。なるべく落ち葉の形が崩れているものがよい。

籾殻くん炭（200g）

籾殻をいぶして炭化させたもの。肥料効果はほとんどないが、pH8.0〜10.0でアルカリ性の性質があり、pH調整ができる。土壌改良効果も高い。

有機質肥料（500g）

鶏ふんや油粕、米ぬかなど、有機物由来の肥料。野菜の養分として投入する。微生物に分解されてゆっくり長く効き、土づくりの効果も期待できる。

有機培養土（適宜）

野菜が育ちやすいようにさまざまな種類の土や肥料が配合された土で、通気性や水はけも調整されている。枠でかさ上げした分の足りない土を補う。

少量多品目をレイアウトする

ひもを張ってマス目を区切る

野菜の栽培スペースを見える化する

ミニ菜園は、**約2m×2mの限られた広さで16品目を育てられる**のが一番の特徴だ。それを実現するのが枠を区切るひもである。枠を約45cm間隔で区切り、縦横にひもを張ると4×4＝16のマスができる。1マス1品目で16種類の野菜を作れるのである。

わざわざひもで区切るのは、1株の**栽培スペースを見える化する**ためだ。マスの真ん中に野菜を1株植えつけると、隣の野菜との間隔は約40〜50cmになり、これは多くの野菜にとってちょうどいい株間である。枝葉が広がるナスやズッキーニなどの大型野菜には複数のマスを割り当てればいいし、逆にコマツナやホウレンソウなどの葉物は1マスに10株以上育てられる。見える化することでいちいち株間を測る必要がなく、植えつけや収穫の時期が異なるさまざまな野菜を同時に栽培しても、マスごとに整然と管理できるのである。どんな野菜を組み合わせるか、レイアウトを考えるのも楽しい作業だ。

ひもは枠に釘やビスを打って結ぶ。使用するひもは、麻やシュロなどの天然素材なら切れても時間をかけずに分解されて土に還る。麻ひもの寿命は1年程度だが、シュロ縄は竹垣を結ぶときなどにも使われる丈夫なひもで2〜3年はもつ。ひもを使わずに木材や細い竹などで区切る方法もある。

枠の内側は1辺約1.8mなので、45cm間隔で区切り、ひもを掛けるための釘、またはビスを打つ

枠に打った釘、またはビスにひもを掛ける。ひもの片側はきつく縛り、もう一方は輪にして掛けておくと、耕すときなどに取り外しがしやすい

1マス45cm×45cmのミニ菜園が完成。いちいち株間や条間を考えて植えつける手間がなく、多種類の野菜を組み合わせて作付けできる

第二章

栽培計画の立て方

病害虫防除や植え合わせにも役立つ

科による野菜の分類

多品種栽培で連作障害を防ぐ

　現在、日本で栽培されている野菜は150種類以上といわれている。それらは、同じ性質を持った〝科〟によって仲間分けができる。**同じ科の野菜は病害虫が共通する**ことが多く、植え合わせの相性にも関係する。別の科の野菜と一緒に育てることで生育がよくなったり、逆に阻害されたりもする。

　畑では同じ時期に、同じ場所で、同じ野菜を育てると徐々に生育が悪くなる連作障害という問題が発生する。土壌の成分が偏り、特定の野菜や科を好む病原菌や害虫が増えてしまうためだ。同じ野菜に限らず、同じ科でも連作障害は発生しやすい。一方でミニ菜園は限られた数種類の野菜ではなく、**小スペースで多種類の野菜を栽培するため連作障害は発生しにくい**といえる。仮に連作障害が発生しても多種類の野菜を栽培していれば、すべてに影響が出るわけではなく、被害は一部にとどまる。加えてさまざまな野菜が育つことで多様性が生まれるので、土壌が回復する能力も高い。広い畑では難しいことだが、土を入れ替えることだってできるのだ。ミニ菜園には、そうしたメリットがあるため、連作障害については知識として知っておいたほうがいいが、あまり心配はしなくてもいいだろう。

　同じ科の野菜は、花や葉の形を見ると似ているのでなんとなくわかるが、一見まったく違う種類のようでも共通の科だったりする野菜もある。たとえば、トマトとジャガイモ。トマトは赤い実を食べる果菜※1で、ジャガイモは地中にできるイモを食用とする根菜※2だが、同じナス科である。一方で、キャベツとレタスは、どちらも結球して球になり、見た目も食べ方も似ているものの、キャベツはアブラナ科でレタスはキク科だ。モンシロチョウの幼虫（アオムシ）が、食害するのはほぼアブラナ科の野菜に限られる。キャベツにはついても、レタスはまったく被害を受けない。それどころかモンシロチョウはキク科を嫌うとされ、キャベツとレタスを一緒に植えると害虫被害を抑える効果も期待できるのだ。ほかにも、マメ科は土壌を肥沃にする力があり、ヒガンバナ科のネギの仲間は、土壌病害の抑制に効果がある。栽培計画を立てるときには、そうした野菜の性質も役立てたい。

連作障害とは

同じ時期に、同じ場所で、同じ作物（または同じ科の作物）を連続して栽培すると、土壌病害や生育阻害物質、線虫という極小の線形動物の増加などで、作物の生育が悪くなること。それを避けるために、農家では毎年作付けをローテーションさせる輪作を行うケースが多い。連作障害はすべての野菜に出るのではなく、サツマイモやトウモロコシなどほとんど出ない野菜もある。

連作障害が出やすい野菜

エンドウ、スイカ、ナス、トマト、ゴボウ、キュウリ、サトイモ、ソラマメ、ハクサイなど

連作障害が出にくい野菜

サツマイモ、トウモロコシ、カボチャ、ニンジン、タマネギ、ネギ、ニンニクなど

科	主な野菜の種類	特徴
ナス科	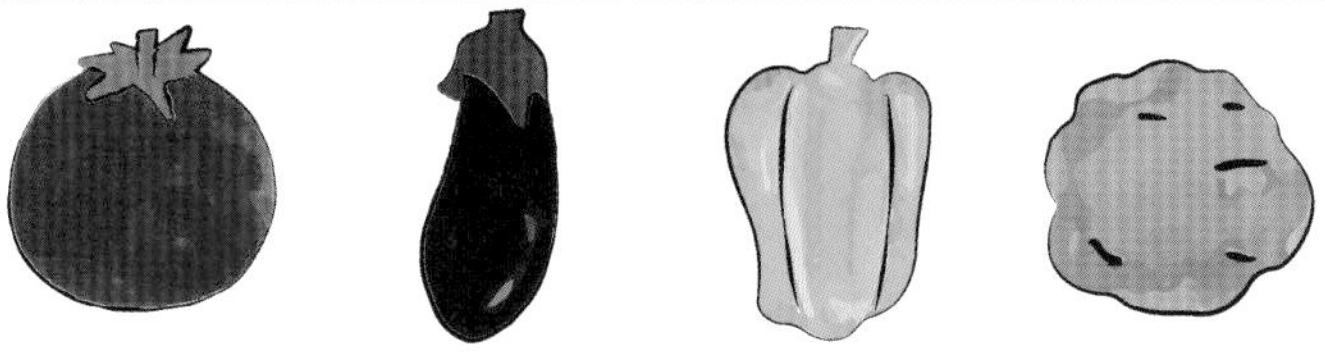 トマト　ナス　ピーマン　ジャガイモ	多くは果実を食用とする。高温を好み、春から夏にかけて栽培する。
アブラナ科	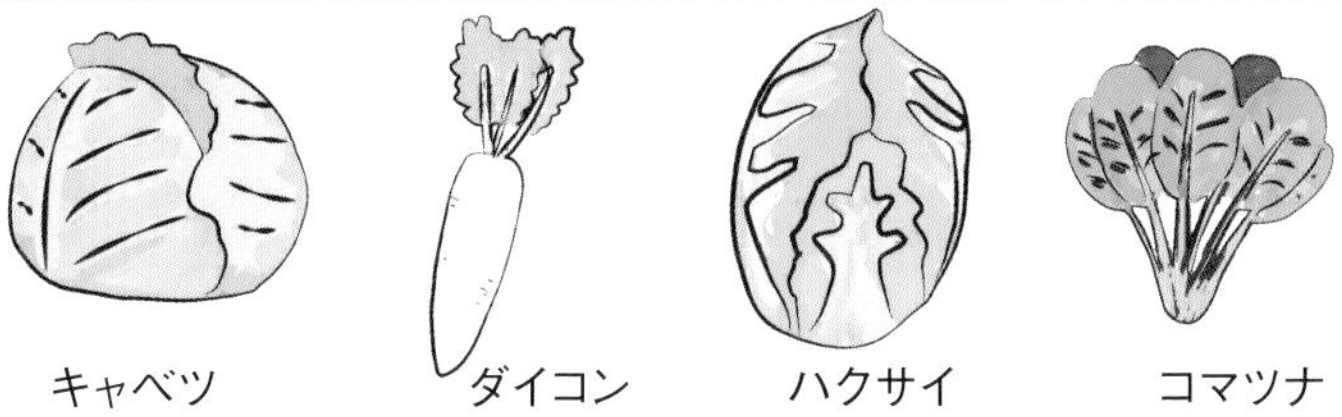 キャベツ　ダイコン　ハクサイ　コマツナ	モンシロチョウの幼虫をはじめとした害虫がやっかい。防除は必須。
ウリ科	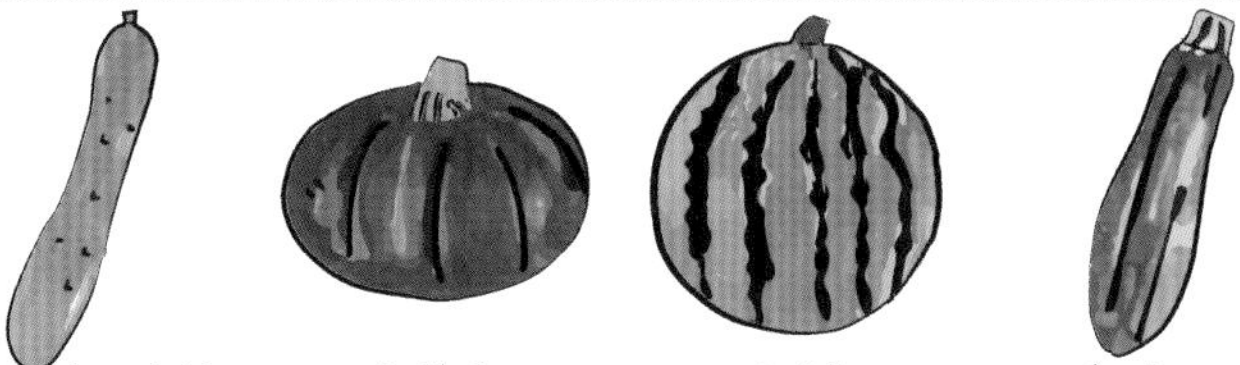 キュウリ　カボチャ　スイカ　ズッキーニ	つるが広がって実がつく野菜が多く、栽培には広い面積が必要。
キク科	 レタス　シュンギク　ゴボウ	特有の香りに除虫効果があるとされ、害虫の食害が少ない。
セリ科	 ニンジン　パクチー　パセリ	葉に独特の芳香があり、キアゲハの幼虫が好んで食害する。
マメ科	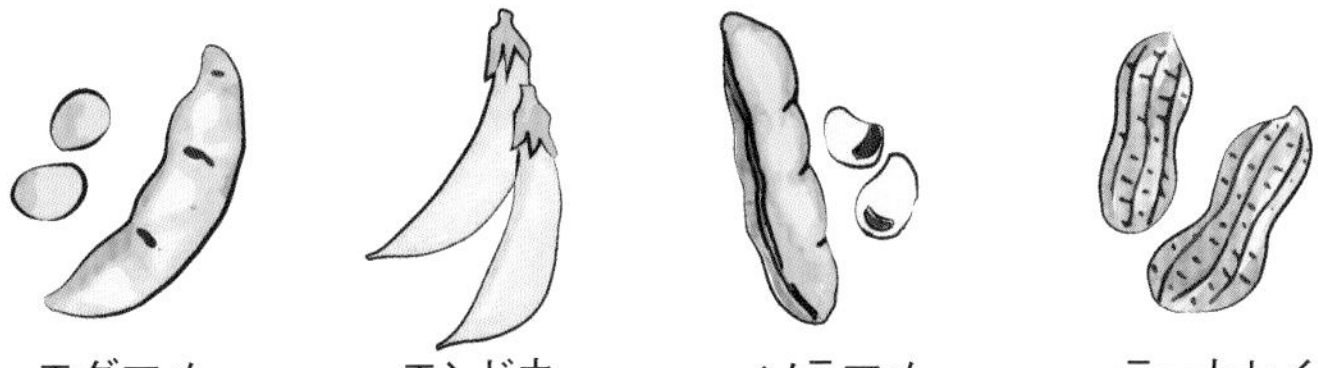 エダマメ　エンドウ　ソラマメ　ラッカセイ	根に根粒菌※3という菌が共生し、作物の養分吸収を助ける。
ヒガンバナ科	 ネギ　タマネギ　ニンニク　ニラ	ネギの仲間で、土壌病害を抑える効果が高いとされる。

※1　**果菜**…トマトやキュウリやナスなど、果実を食用とする野菜のこと。
※2　**根菜**…ダイコンやニンジンやイモ類など、土の中にできる部分を食用とする野菜のこと。
※3　**根粒菌**…マメ科の根に共生する微生物で、空気中の窒素を植物が養分として利用しやすい形に変えてくれる。これを窒素固定という。

日当たり、土壌の乾湿、pH
野菜が好む環境

土地の特性を考えて野菜を育てる

野菜の原産地は世界に広く分布している。トマトは南米アンデスの乾燥した高地に育ち、ナスはインド東部の湿潤な熱帯が原産。キャベツは地中海や大西洋に面した崖の上とされ、スイカはアフリカ南部の砂漠で野生種が発見されている。このことからわかるように、野菜ごとに適した生育環境は異なり、家庭菜園でも日当たりや土壌によってよくできる野菜や育ちにくい野菜がある。

ミニ菜園は枠を作って、その中で土づくりをするため、環境は平均化されるが、もともとの土壌が持つ特性や周辺環境の影響を受けないわけではない。低い土地や田んぼを埋め立てたような畑は、地下水位が高く多湿になりやすいし、粘土質の土壌も水はけが悪い。一方で傾斜地や丘陵地、砂質土壌は水はけがよすぎることが多く、雨の少ない夏は乾燥が心配される。

日当たりはよいに越したことはないが、ショウガやパセリなどは半日陰地（日中の半分ほど日が当たるところや木漏れ日程度の日差しがあるところ）でもそこそこ育つ。**トマト、スイカ、トウモロコシ、サツマイモ、タマネギなどは強い光が必要**で、十分な日照がないと収量が上がらない。住宅地の菜園では建物や庭木で陰ができるのも避けられないが、そのような場所ではホウレンソウ、シソ、ニラ、リーフレタスなどが弱い光にも耐えて、比較的よく育つ。

野菜の生育には土壌の酸度も影響する。酸性、中性、アルカリ性を示すもので、単位はpH(potential Hydrogen)。pH7が中性、それより低い場合は酸性、高い場合はアルカリ性である。

たとえば、ホウレンソウはpH6・5～7・0の微酸性から中性を好むが、ジャガイモはpH5・5～6・0の弱酸性の土でよく育ち、アルカリ性に傾くと病気が発生しやすくなる。つまり、ジャガイモとホウレンソウでは好む土壌が違うため、前後作での組み合わせや、同時期に近くのマスで栽培するとどちらかがよく育たない。ミニ菜園で野菜を組み合わせる場合も、それぞれの野菜の適正酸度は知っておいたほうがいいだろう。

土壌酸度は、酸度計や測定液で調べられる。**多くの野菜の平均値である6・0～6・5程度を保つよ**うにするとよい。

土壌酸度の調整方法

通常、作物を栽培し続けると土壌は酸性に傾いていくため、アルカリ性の石灰資材を投入して定期的に酸度を調整する必要がある。pHを1上げるのに必要な資材の量は、1㎡(深さ10cm)当たり消石灰※1は100～150g、苦土石灰※2は150～200gが目安。草木灰※3や籾殻くん炭もアルカリ性であるためpH調整に利用できる。

※1　消石灰…主成分は水酸化カルシウム。60%以上のアルカリ分を含み、酸性土壌の改良に高い効果がある。
※2　苦土石灰…カルシウム(石灰)に加えて、マグネシウム(苦土)を含んだ資材。
※3　草木灰…草や木を燃やして残る灰。肥料として使われるが、10～20%のアルカリ分を含む。

野菜によって好みの環境が異なる

比較的乾燥した土壌を好み、多湿に弱い

サツマイモ
トマト
ダイコン
カボチャなど

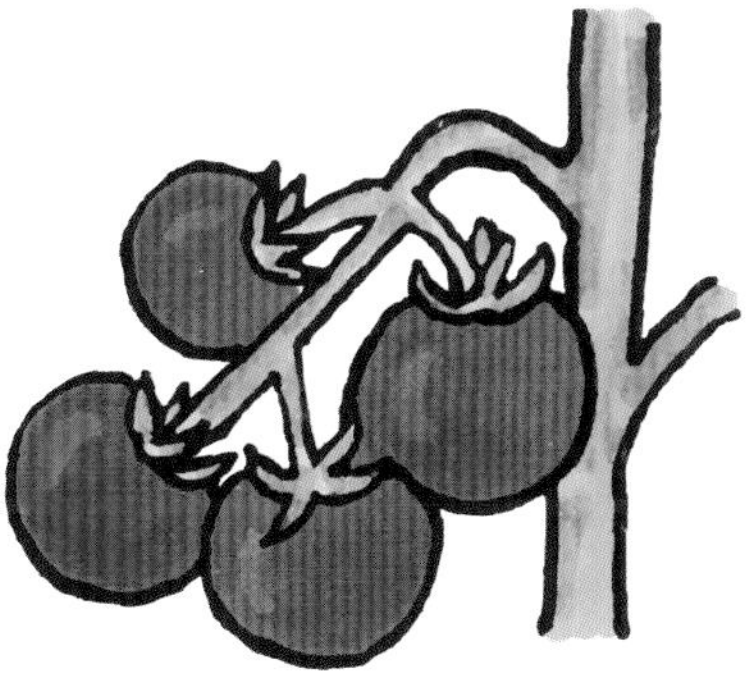

多湿※でも比較的よくでき、乾燥に弱い

サトイモ
ショウガ
ミツバ
ナスなど

※過湿では根が腐るため、水はけがよいことも条件となる

弱い光を好み、半日陰でも育つ

ホウレンソウ
パセリ
シソ
バジルなど

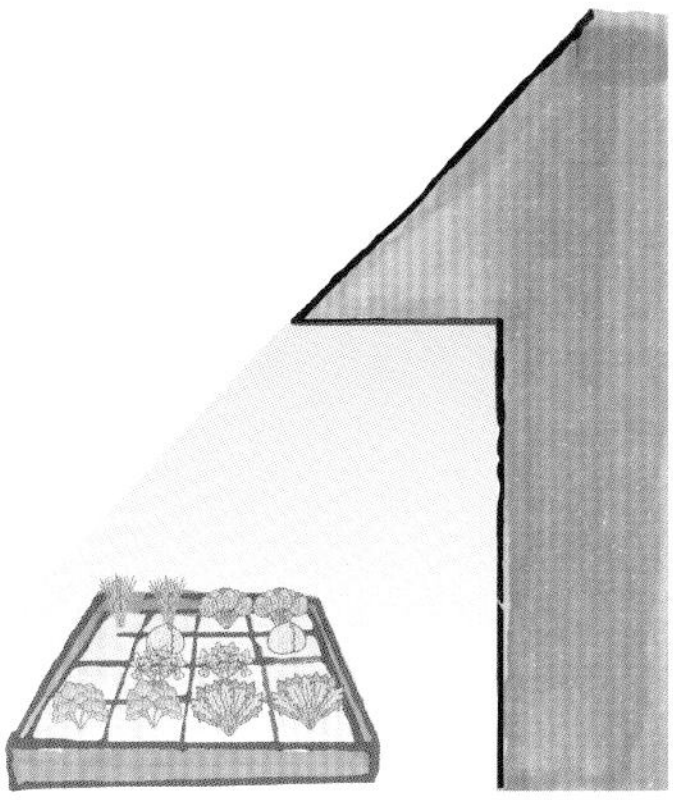

強い光を好み、日陰ではよく育たない

トマト
スイカ
ナス
トウモロコシなど

野菜の最適土壌酸度

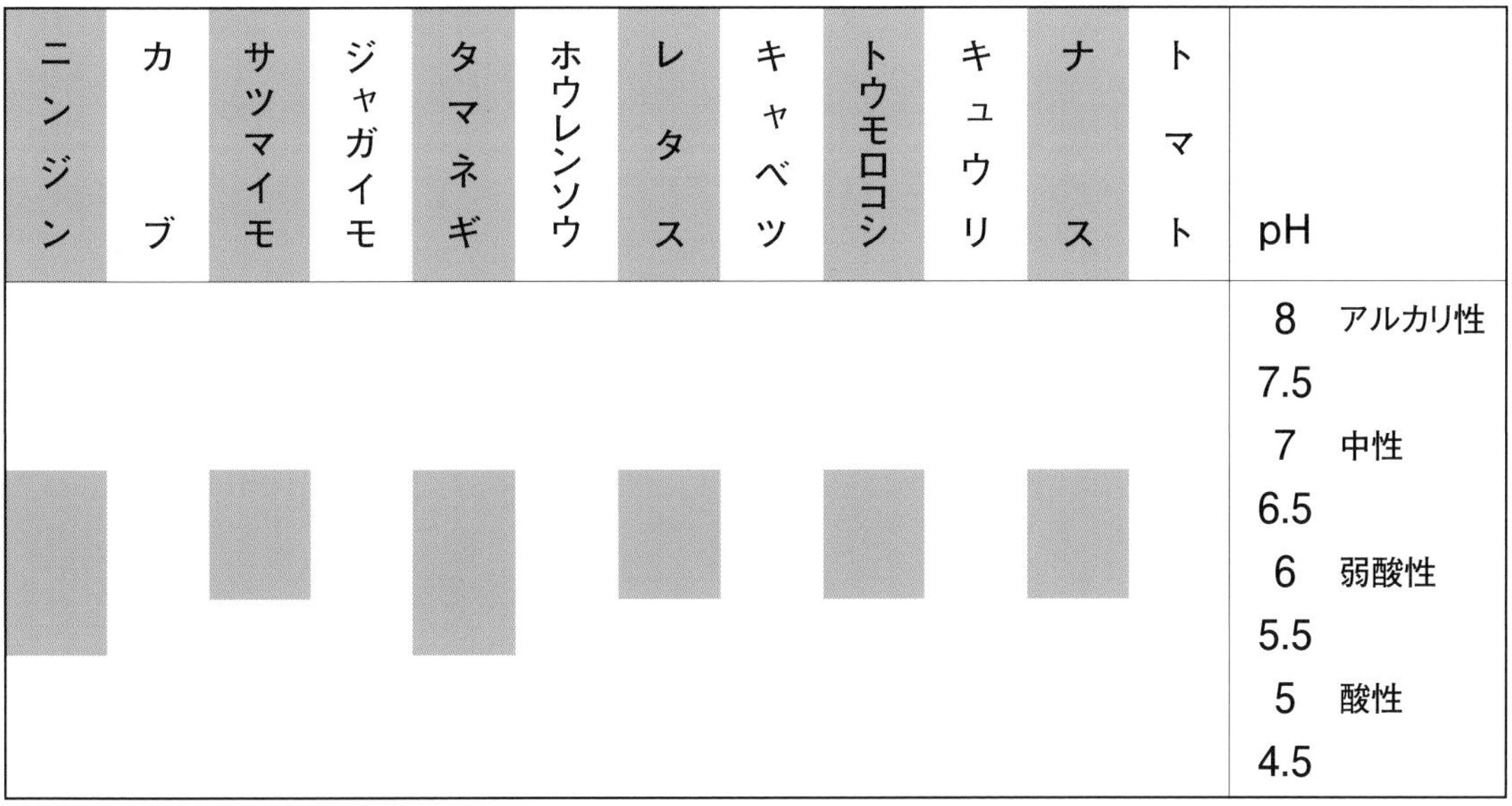

1マスに何株育てられるか
難易度と栽培スペース

簡単なのは葉物、実のなる野菜は難しい

家庭菜園の一番人気はおそらくトマトだが、ミニや中玉はまだしも大玉トマトは意外と難しい。雨に弱く、わき芽かきや誘引などの管理にも手間がかかるからだ。加えて病気にもなりやすい。

キャベツやハクサイは害虫防除が必須なうえに植えつけ時期がずれると結球しなかったりする。ホウレンソウは土壌環境に敏感で酸性土壌ではうまくできない。タマネギも肥料の加減が難しく立派なものを作るには、それなりの経験が求められる。

一方で、コマツナやリーフレタスは適期にさえ栽培すれば、手間をかけなくても育ち、短期間で収穫できる。夏の暑さで旺盛に育つオクラやモロヘイヤも失敗が少なく多収が期待できる野菜だ。

難易度をざっくり分けると、**簡単なのは短期間で収穫できる葉物**。イモ類やマメ類もあまり手間がかからず少ない肥料でよく育つ。一方、**難しいのは、病害虫が発生しやすい野菜や果実をとるもの**、さらに糖度を高める必要があるスイカや大玉トマトになると難易度はグンと上がる。環境によってもうまく育つ野菜と育ちにくい野菜があるので、難易度を参考にしながら、失敗を恐れずいろいろな野菜に挑戦してみるとよい。

ミニ菜園では、それぞれの野菜の栽培スペースも考える。1マス1品目が基本だが、1マスに何株育てられるかは野菜によって異なる。1マスを45cm×45cmとし、その中央に野菜を植えつけた場合、周りのマスの中央に植えつけた野菜との間隔は45cmになる。これは多くの野菜にとって適当な株間で、トマト、ピーマン、キャベツ、ジャガイモなどは1マス1株でちょうどよい。エダマメやインゲンは2本立ち。コマツナやホウレンソウは種をまいて間引きながら収穫し、最終的に9～15株が目安。ネギやタマネギは密植でもよく育つので、9～15株の栽培が可能だ。カボチャやスイカなどつるが伸びる野菜も、枠の外につるを逃がしてやるか、支柱を立てて上方向に誘引してやれば栽培できる。

野菜の難易度

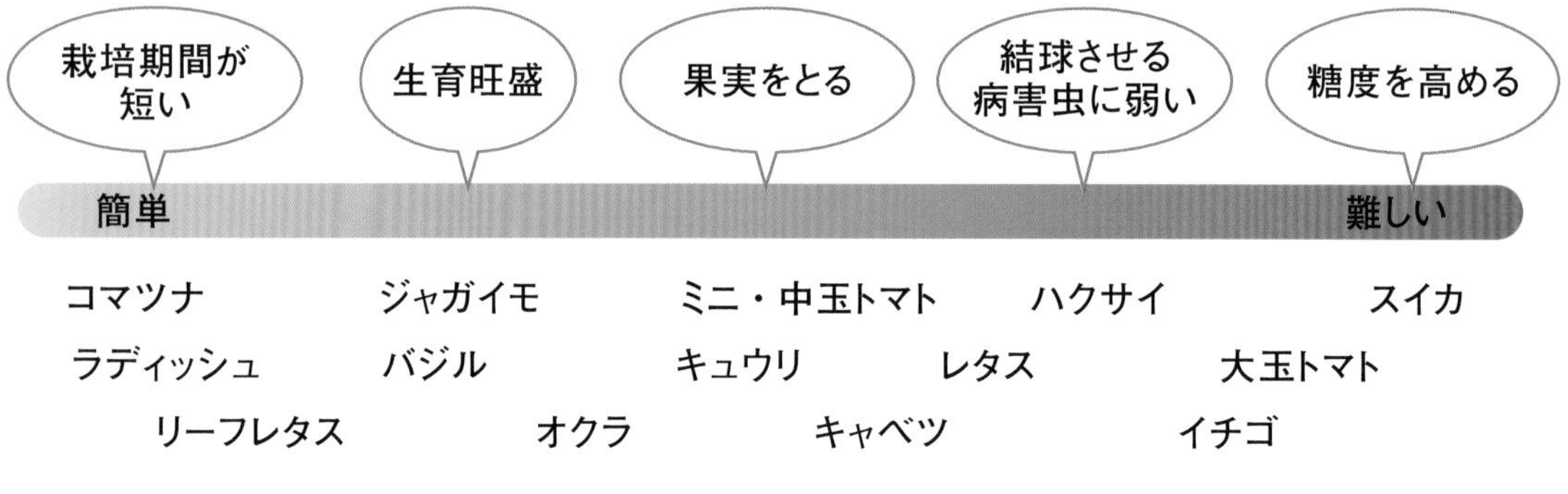

ミニ菜園1マスに栽培できる数量

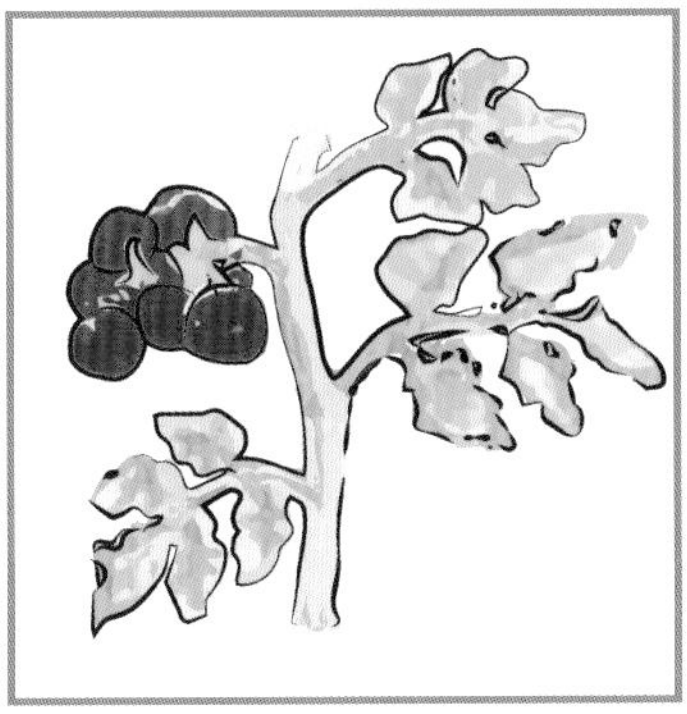

トマト

マスの中央に1株植え、支柱を立てて1本仕立てで茎を誘引する。主枝と側枝1本の2本仕立てにする場合は2マス使う。

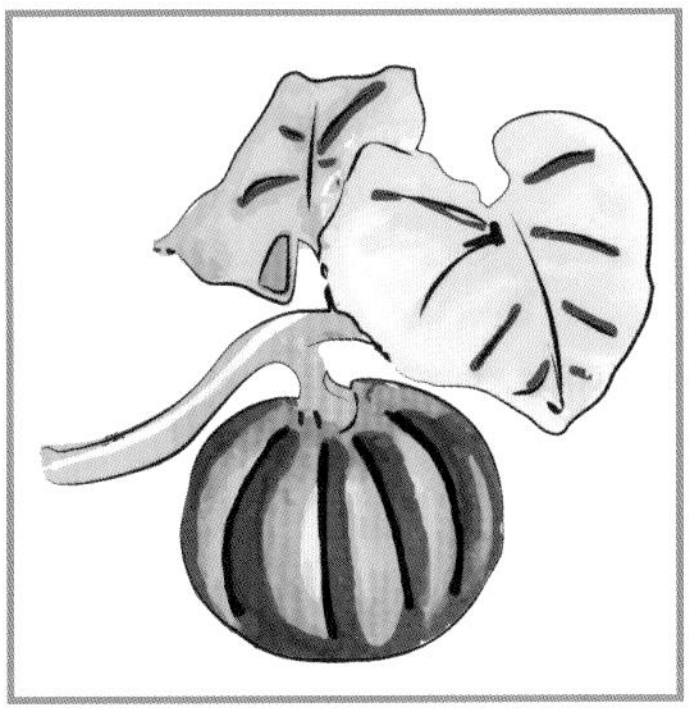

カボチャ

外側のマスを使って1株。つるは枠の外に伸ばす。そのためには枠の外側に2mくらいのスペースが必要。

エダマメ

マスの中央に2株。競わせるように育てることで、生育が旺盛になり収量も上がる。つるなしインゲンも同様。

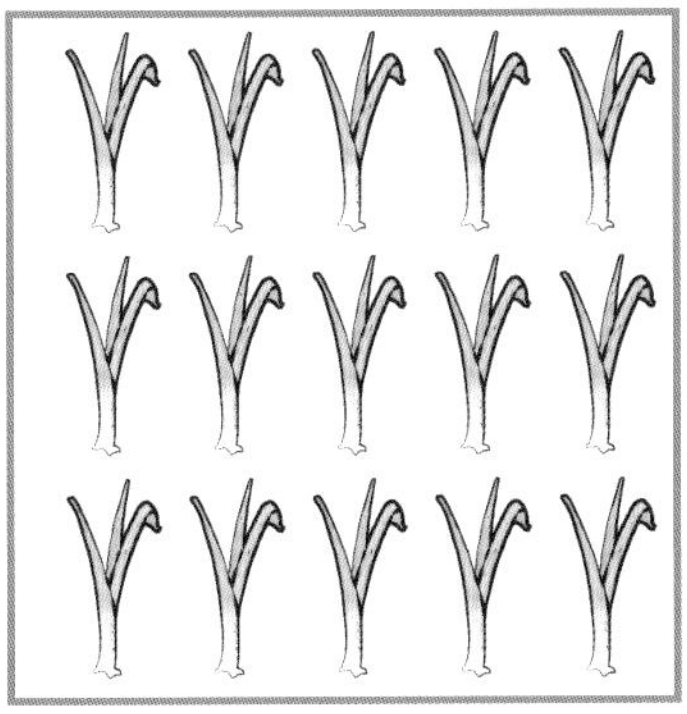

ネギ

縦に長く伸び、横にはあまり広がらないので、条間5cm、株間5cmで3条植えすると15株育てられる。密植してもよく育つ。

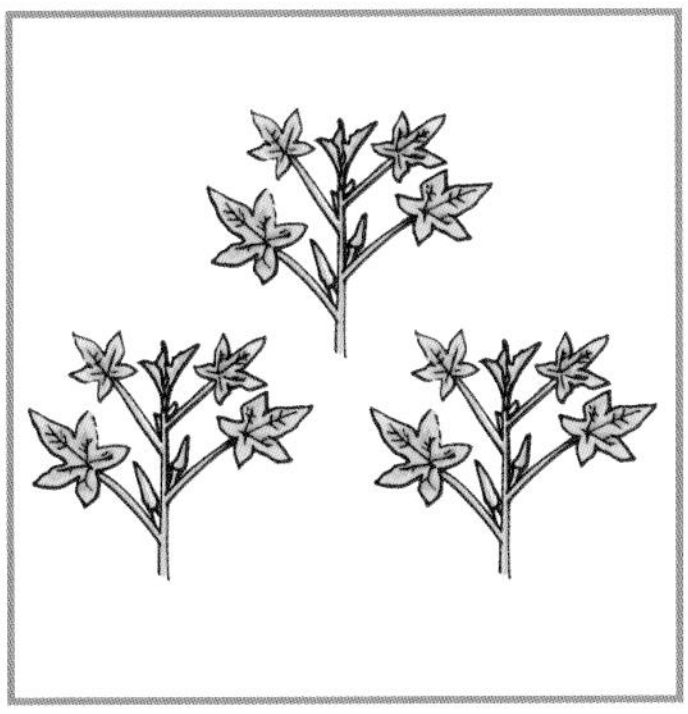

オクラ

マスの中央に2～3株。生育が旺盛で果実がすぐかたくなるので、まとめて育てることで養分を分散させ、生育を緩慢にする。

ダイコン

一般的な青首ダイコンは1株。根長20cm弱のミニダイコンならマスの四隅に1株ずつ4本育てられる。

リーフレタス

マスの四隅に1株ずつ4株植えつけ、成長して葉がぶつかるようになったら1株ずつ収穫していき、残す株を大きくする。

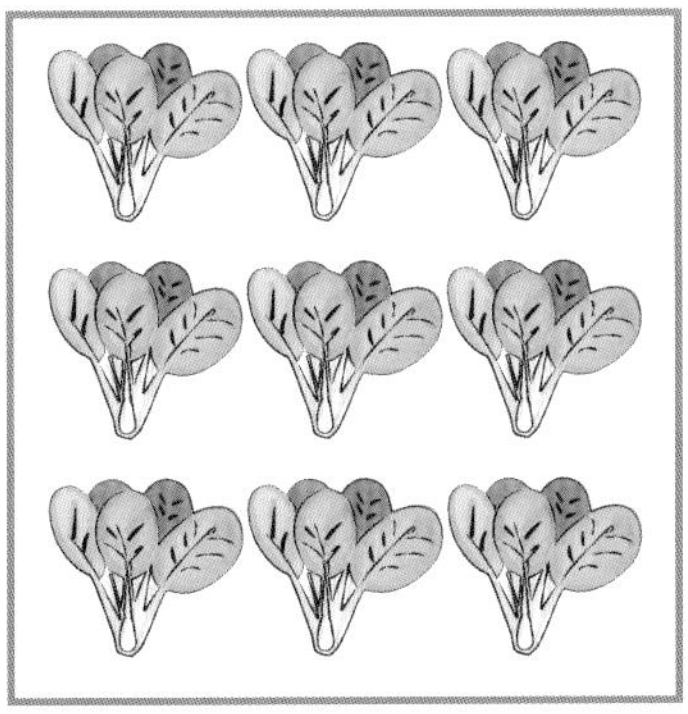

コマツナ

条間8cmで1cm間隔にすじまきし、間引きながら収穫する。最終的に株間10cm程度で9株くらいを大きく育てる。

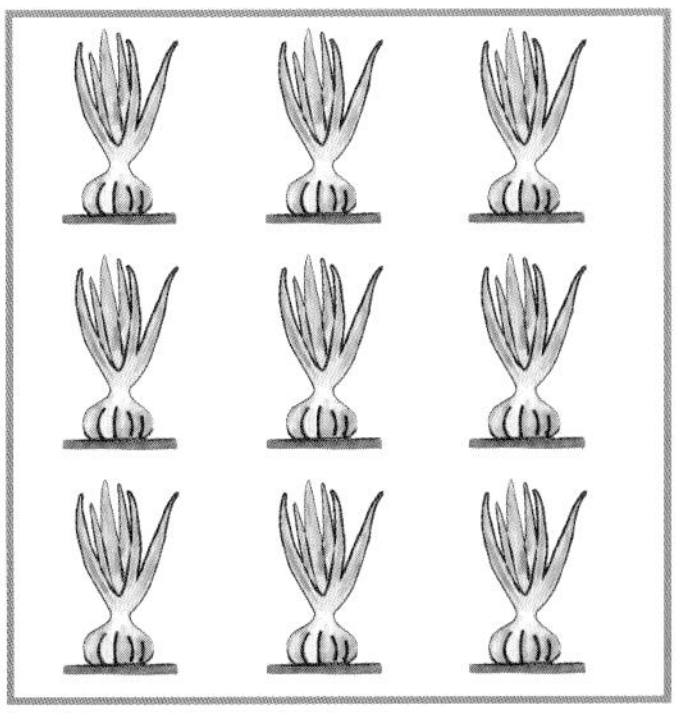

タマネギ

株間、条間とも10cmで9株。密植でよく育つので、球が肥大したときにぶつからないくらいの間隔があればよい。

いつ、どこに、どんな野菜を育てるか

栽培プランの立て方

ミニ菜園と同じマスを描き、野菜を記す

毎年、春の彼岸のころにジャガイモの種イモを植えつけて、その年の菜園がスタートする。コマツナやチンゲンサイなど、生育の早い葉物もこの時期に種をまくと40日ほどでとれる。5月にはトマトやナスなど夏野菜の準備を進め、6月には早くもジャガイモの収穫だ。そして夏野菜が盛りを迎えると、そのあとには秋冬野菜が控えている。というように、野菜づくりは一年を通してリレーをするように切れ目なく続いていく。

ミニ菜園で途切れなく連続して野菜を作っていくには、一年を見通した栽培計画が重要になる。春の植えつけが始まる前に、**いつ、どこに、どんな野菜を育てるかプランを立てておく**のである。それぞれのマスで、次に栽培する野菜がわかっていれば、株が弱った夏野菜をいつまでも撤収せずに引っ張って秋冬野菜の植えつけが遅れる心配もないし、育てたい野菜があるのにマスが埋まっていて植える場所がない、というような失敗も避けられる。事前に計画を立てておくことで、草丈の高低や相性の良し悪しについても理想的な配置ができるはずだ。

では、具体的にどうやってプランを立てるか。まずはパソコンまたはノートに、ミニ菜園と同じ16マスに区切った四角形を12個描き、それぞれに3月～翌年2月までの月を記す。通常一年の野菜づくりがスタートするのは3月（または4月）なので、その月のマスに、どこに、どんな野菜を植えつけるかを記す。このとき、その野菜の栽培期間を確認し（68～125ページ参照）、収穫までの月を埋める。収穫するとそのマスが空くので、次に栽培する野菜を記す。30～45ページの作付け図はそうやってデザインしたプランだ。

プランニングは春と秋の2作で考えると作りやすい。まず、春夏野菜で16マスを埋める。それらは基本的に8月中に収穫を終えて、9月から秋冬野菜にチェンジする。1マスをさらに上旬、中旬、下旬に分けると、より細かく植えつけや収穫時期を把握できる。

10月　夏野菜は8月中に収穫を終え、キャベツやブロッコリーなど秋野菜にバトンタッチ。

7月　枠の真ん中には葉物を収穫したあとに植えつけたナスやトウモロコシが育っている。

5月　草丈の高いトマトとキュウリは北側に。真ん中は短期で収穫できる葉物。手前はジャガイモ。

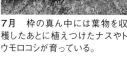

プランニングの8つのコツ

コツ1 基本は春・秋の2作

3〜5月に植えつけて8月までに収穫する春夏野菜と9月〜翌年2月ごろまで栽培する秋冬野菜の年間2作を基本に計画を立てる。

コツ2 草丈の高い野菜は北側に

草丈が高くなり、支柱やネットを使うトマトやキュウリ、トウモロコシなどは枠の北側に植え、草丈が低い野菜の陰にならないようにする。

コツ3 夏野菜は8月まで

トマトやナスやピーマンは10月下旬くらいまで収穫が続くが、8月を過ぎると株が弱ってくるので、9月には秋冬野菜を植えつけられるように撤収する。

コツ4 短期でとれる葉物を活用

前作と後作の間に2か月程度の期間が空いたら、短期間で収穫できる葉物を植えつけておくとスペースを有効的に使える。秋冬野菜収穫後の晩秋や、夏野菜を植えつける前の春先も栽培できる。

コツ5 アブラナ科は列をそろえる

キャベツやハクサイ、ブロッコリーなどアブラナ科の野菜は害虫対策が必須。1列に並べて植えれば、まとめて被覆資材を掛けられる。

コツ6 好きな野菜をたくさん育てるのもあり

1マス1品目にこだわらず好きな野菜をたくさん育てるのもあり。トマトが好きなら、それぞれのマスで異なる品種を作ってみても面白い。

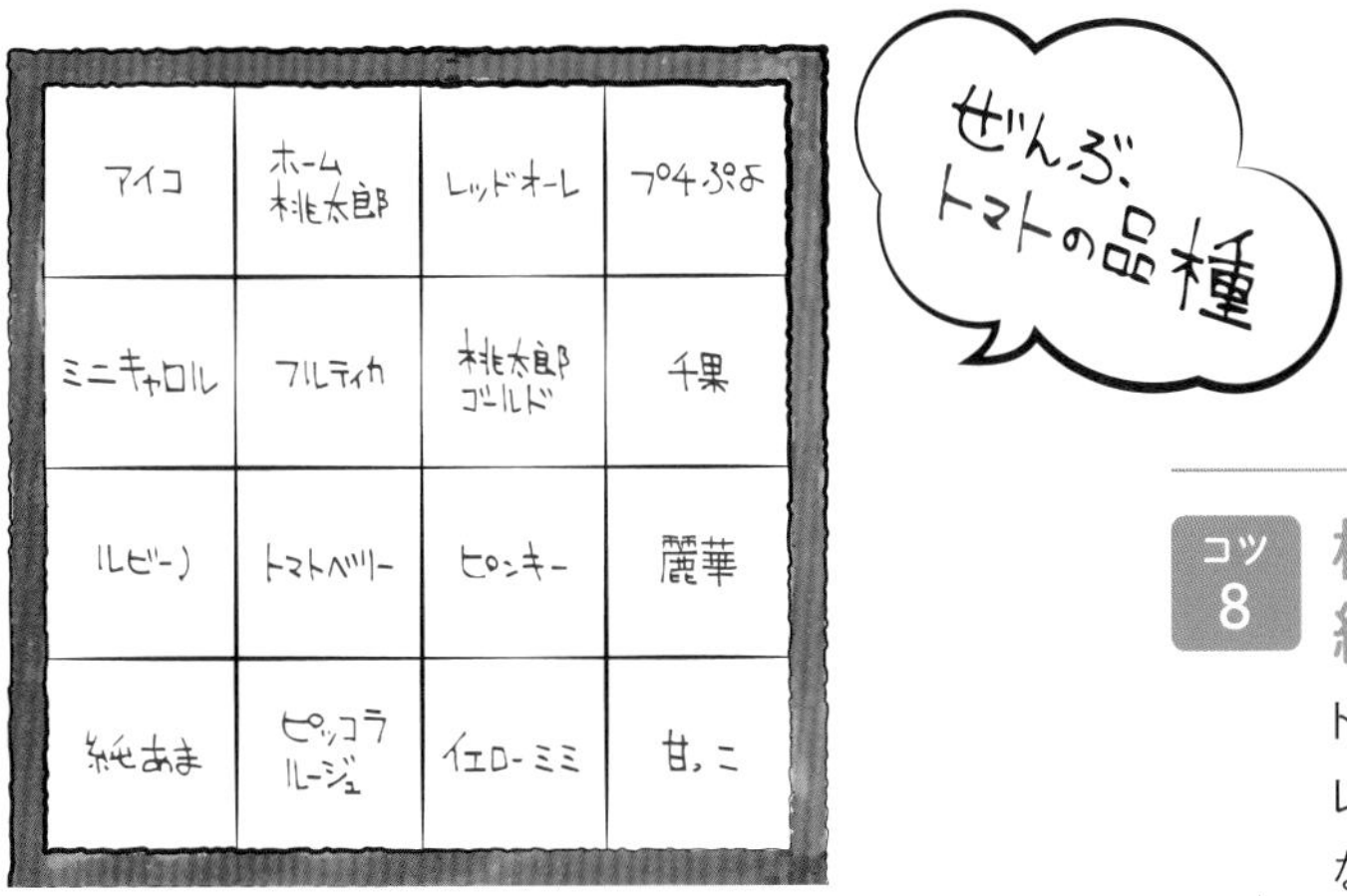

コツ7 大型野菜は複数マスで栽培

枝葉が広がるナスやズッキーニは複数のマスを割り当てることで、スペースが限られるミニ菜園でも栽培が可能。キュウリも2〜4マスを使えばのびのび育てられる。

コツ8 相性のいい野菜を組み合わせる

トマトとバジル、キュウリとネギ、キャベツとレタスなどは、一緒に育てると生育がよくなったり、病害虫を忌避できたりする。

病害虫が減り、野菜がよく育つ コンパニオンプランツの活用

特性を生かして混植する

一緒に育てることでお互いの生育がよくなる植物を「コンパニオンプランツ」といい、次のような効果が期待できる。**①害虫忌避 ②病気の抑制 ③土を肥やし、水分や養分の吸収を助ける ④空間を有効活用できる**など。

たとえば、野菜に害虫が寄ってくる要因のひとつに、その野菜が発する固有のにおいがある。一方で、害虫が嫌うにおいもあり、そういうにおいを発する植物を一緒に植えることで害虫を寄せつけないようにするのだ。このように植物が放出する化学物質が、他の生物になんらかの作用をおよぼす現象をアレロパシーといい、コンパニオンプランツでよく使われる手法である。

アレロパシーは害虫だけじゃなく、植物同士で生育を阻害する組み合わせや病原菌を抑える働きもある。代表的なのがネギの仲間で、根の周囲につく拮抗菌《きっこうきん》と呼ばれる微生物が特定の病原菌を抑える抗生物質を出している。それを利用してナス科やウリ科と混植すると、病気が発生しにくくなる。

加えて、ネギの仲間は草丈が低く根が浅いので、地上部が大きく育つ夏の果菜類と一緒に植えてもお互いが生育を邪魔することなくすみ分けられる。**複数の植物による共存はコンパニオンプランツの大切な要素で、ミニ菜園にとっても理想的な混植**といえる。

マメ科の野菜は、肥料分が少ない土地を肥やし、周囲の植物の生育を助ける働きがある。植物が育つための必須要素※1のひとつに窒素があるが、マメ科の野菜は根に根粒菌という菌が共生していて、それが空気中の窒素を養分として利用できる形に変換してくれるのだ。周りの植物はその養分を利用できるので、肥料分を多く必要とするトウモロコシなどとの組み合わせに向いている。

コンパニオンプランツは科学的根拠があるものばかりではなく、経験的に知られていることも多い。すぐに効果が現れるものではなく、生態系の中で少しずつ培われていくことも覚えておきたい。

コンパニオンプランツの一例

組み合わせ	期待できる効果
トマト×ラッカセイ	空間の効率利用、トマトの食味の向上
トマト×ニラ	空間の効率利用、病気予防
ナス×つるなしインゲン	害虫忌避、生育促進、空間の効率利用
ピーマン×つるなしインゲン	害虫忌避
サトイモ×ショウガ	空間の効率利用
タマネギ×ソラマメ	空間の効率利用、生育促進
イチゴ×ニンニク	病気予防、害虫忌避
ニンジン×エダマメ	害虫忌避
エンドウ×ルッコラ	生育促進

代表的なコンパニオンプランツ

ネギの仲間と育てる

ナスや
キュウリの
苗と一緒に
ネギを植える
拮抗菌が出す
抗生物質が
病原菌を抑える

ネギ、ニラ、ニンニクなどが発する特有の強い香りはアリシンという成分によるもの。アリシンには抗菌作用があり、周辺の病原菌を抑制する働きがある。また、根の周囲には**拮抗菌と呼ばれる菌がつき、植物の病害を抑える抗生物質を出している**。ナス科やウリ科の野菜と一緒に植えると、つる割病※2や青枯病※3が発生しにくくなる。

マメ科と育てる

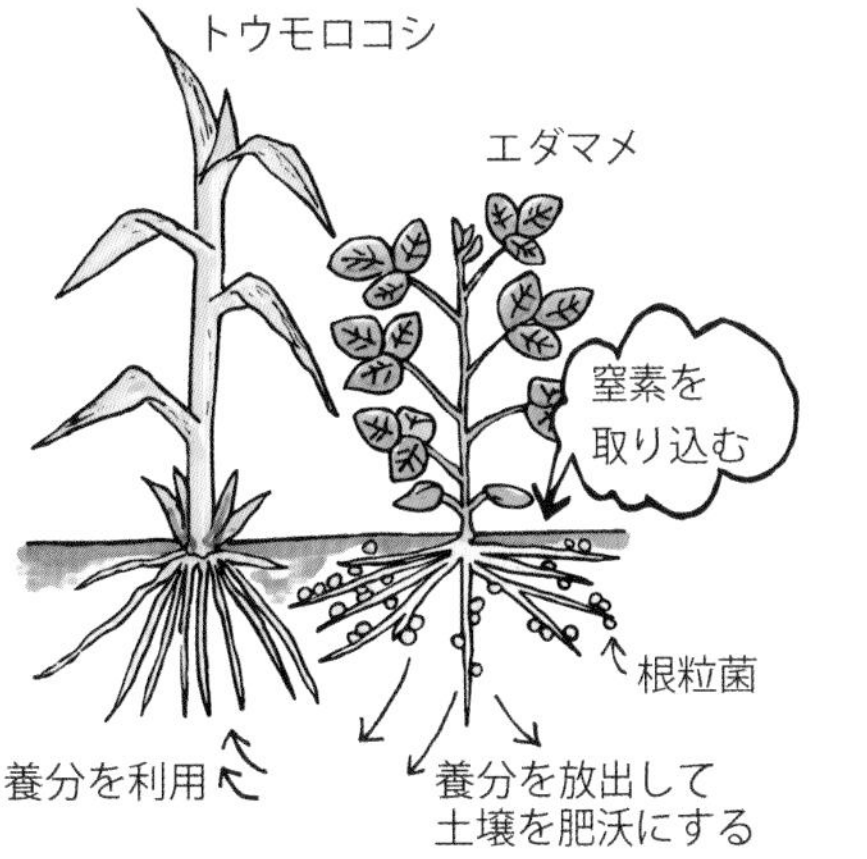
トウモロコシ
エダマメ
窒素を
取り込む
根粒菌
養分を利用
養分を放出して
土壌を肥沃にする

植物が育つために重要な要素のひとつが窒素。マメ科の植物の根には**空気中から窒素を取り込んで養分をつくり、植物に提供する根粒菌が共生しており、土を肥沃にする働きがある**。そこで肥料分を比較的多く必要とするナス科やイネ科と混植すると、養分を分け合って互いがよく育つ。マメ科の後作も土が肥沃になっているので育ちがいい。

空間の有効活用

日当たりを好む
ナスと、草丈が低く
半日陰でも育つ
パセリの混植

草丈が大きく育つ野菜の株元に、背が低い野菜を植えたり、根が深く伸びる野菜の近くに根が浅く広がる野菜を植えたりすることで、空間を有効的に使える。草丈の小さな野菜を先に植えつけてある程度育ってから、草丈が高くなる野菜をスタートすれば陰になるのも防げる。

キク科・セリ科・シソ科と育てる

アレロパシー

キク科（レタスやシュンギクなど）、セリ科（ニンジンやパセリなど）、シソ科（シソやバジルなど）に共通するのが**香りによるアレロパシー効果**。モンシロチョウやコナガ※4、ヨトウガ※5など、多くの害虫がこれらの野菜の香りを嫌う。害虫がつきやすいアブラナ科の野菜と一緒に植えると効果的。

※1　**必須要素**…植物が育つためには窒素、リン酸、カリなど17の要素が必要。
※2　**つる割病**…キュウリやスイカなど、ウリ科に発生しやすい土壌伝染性病害。
※3　**青枯病**…トマトやナスなど、ナス科の野菜に多く発生する細菌による土壌伝染性病害。
※4　**コナガ**…体長6mmほどの蛾の仲間で、緑色の幼虫がアブラナ科の野菜を食害する。
※5　**ヨトウガ**…体長20mmほどの蛾。ヨトウムシと呼ばれる幼虫が夜間に活動し、多くの野菜を激しく食害する。

作付けプラン❶

春植え16+秋植え16 定番野菜を年間32品目

7月の菜園の様子。梅雨明け後は、雨が少ない高温の日が続く傾向にあるため、わらを敷いて地表の乾燥を防ぐ。雑草防除にも効果的

夏野菜は8月で撤収。秋冬野菜に切り替える

1マス1品目を基本として3〜8月に春夏野菜、9月〜翌年2月に秋冬野菜を栽培するミニ菜園の基本プラン。トマトやナス、キャベツ、ダイコン、コマツナなど家庭菜園の定番野菜を網羅し、年間32品目を栽培する。

夏野菜は4月下旬〜5月上旬に苗を植えつけてスタート。6月にはさっそくキュウリやインゲンの収穫が始まり、7月には夏野菜がピークを迎える。8月中旬のお盆を過ぎると暑さや、実ものはなり疲れで株が弱ってくるので、トマトやキュウリなどは**収穫が続いていてもスパッと撤収する**のが、その後の秋冬野菜をうまく育てるコツ。日ごとに日長が短くなり、気温が下がってくる**秋は、種まき、植えつけが1日遅れると、収穫は数日〜数週間遅くなり、収量にも影響が出る**ので適期栽培を心がける。

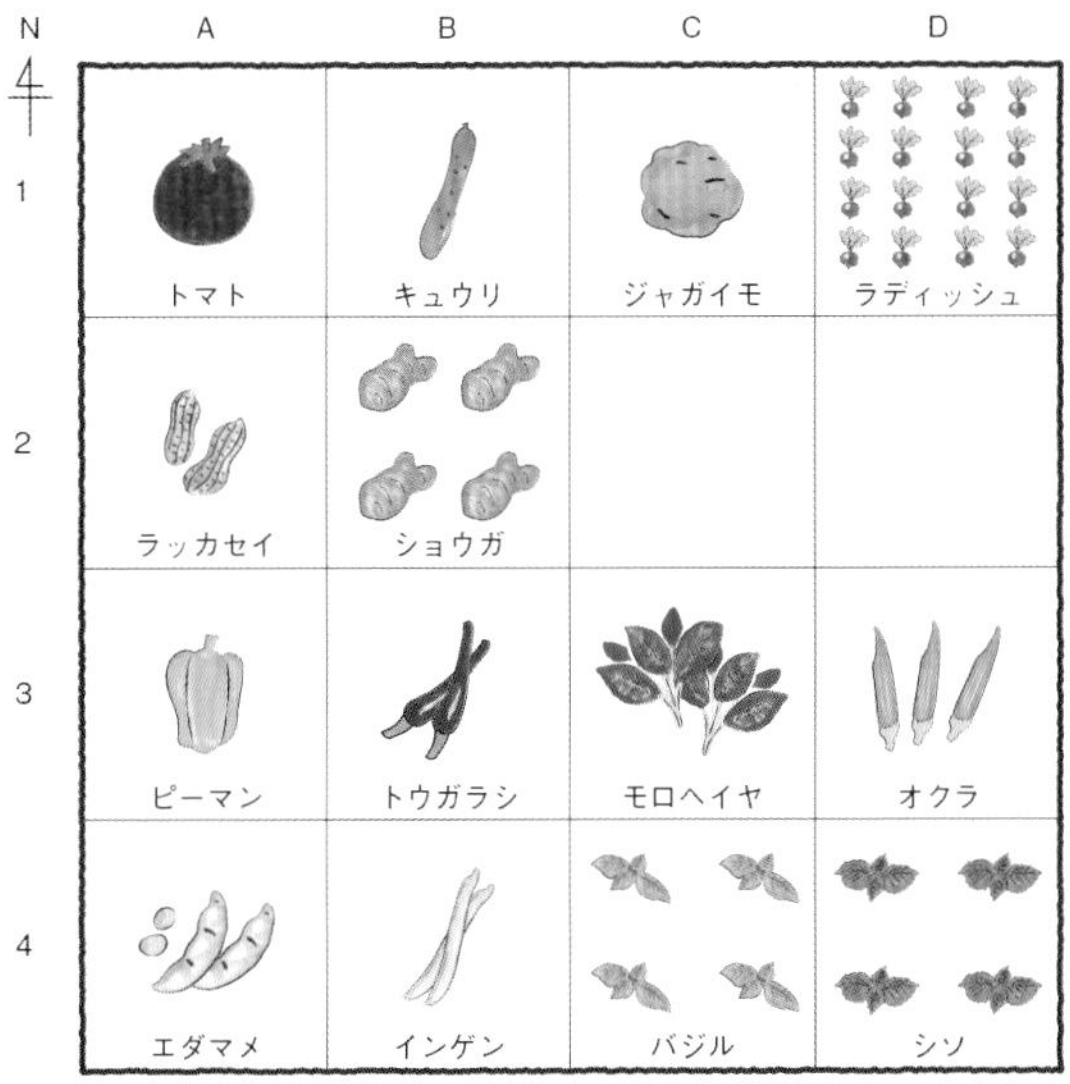

4月

3月中旬にC−1にジャガイモを植えつけ、D−1にラディッシュの種をまいて栽培をスタート。4月下旬〜5月上旬にはトマトやキュウリなど、夏野菜の苗を植えつける。ジャガイモは、出芽後10日を目安に1回めの土寄せ、その2週間後に2回めの土寄せを行う。ラディッシュは2回の間引きで、最終的に1マス16株程度にする。

トマトの苗。植えつけ後、気温が上がらないときは、苗キャップをかぶせておくと防寒に効果的

5月

ラディッシュは収穫を終える。C−1、C−2、D−1、D−2の中心にナスの苗を植えつける。ナスは茎葉が大きく広がるので、ほかの作物の邪魔にならないように4マス使って栽培。支柱を立てて、側枝2本または3本で仕立てる。トマトは支柱を立てて茎を誘引し、わき芽をていねいにかく。キュウリは支柱やネットにつるを誘引する。

竹で支柱を立ててトマトやキュウリを誘引する

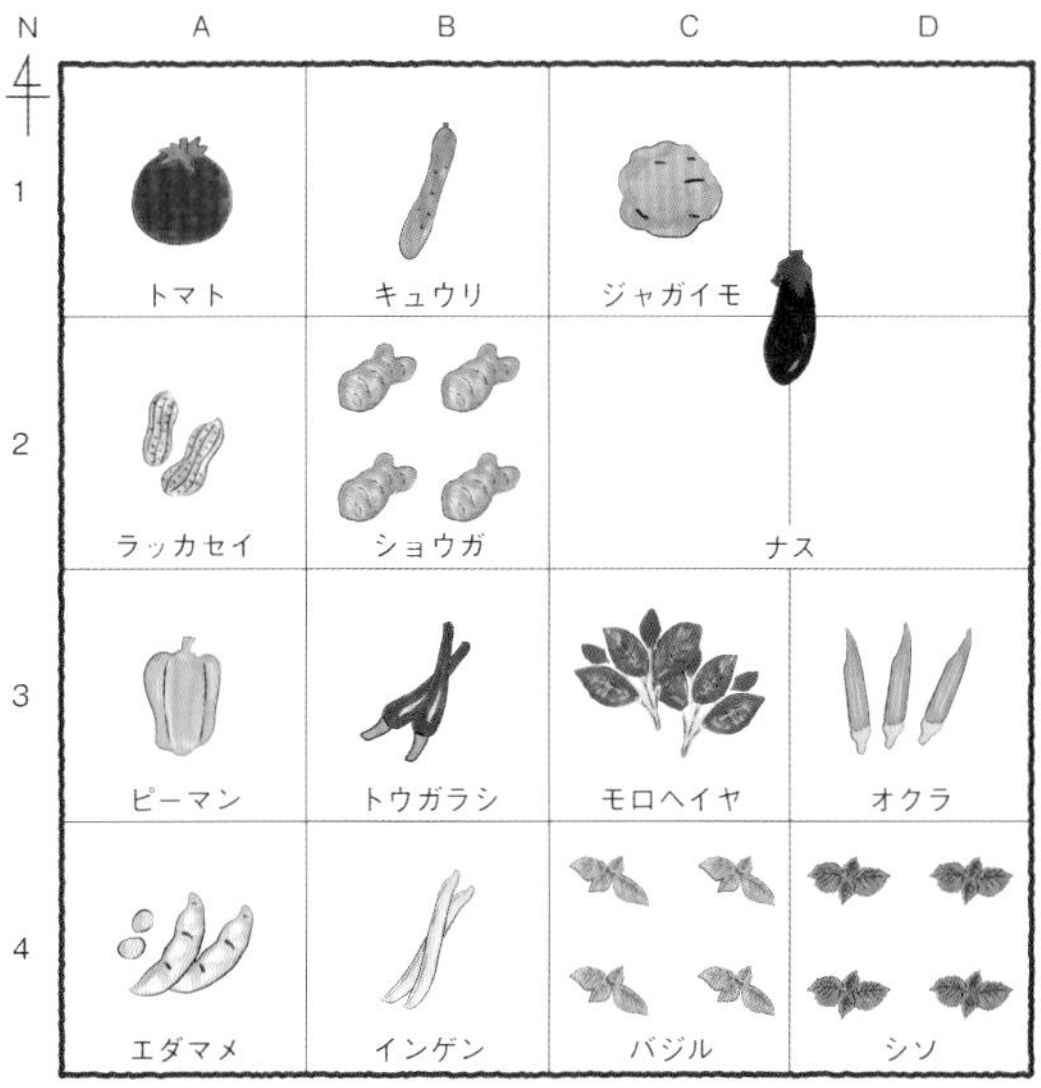

6月

キュウリは収穫が始まるが、まだ株が十分に育っていないので、小さいサイズでとるようにして、株を疲れさせないようにする。インゲンはさやが膨らんだらさやのつけ根から摘み取る。ジャガイモは茎葉が枯れて黄色くなったら晴天の日に掘り上げる。このときナスの根を傷つけないように気をつける。

つるなしインゲンは、種まきから2か月程度で収穫できる

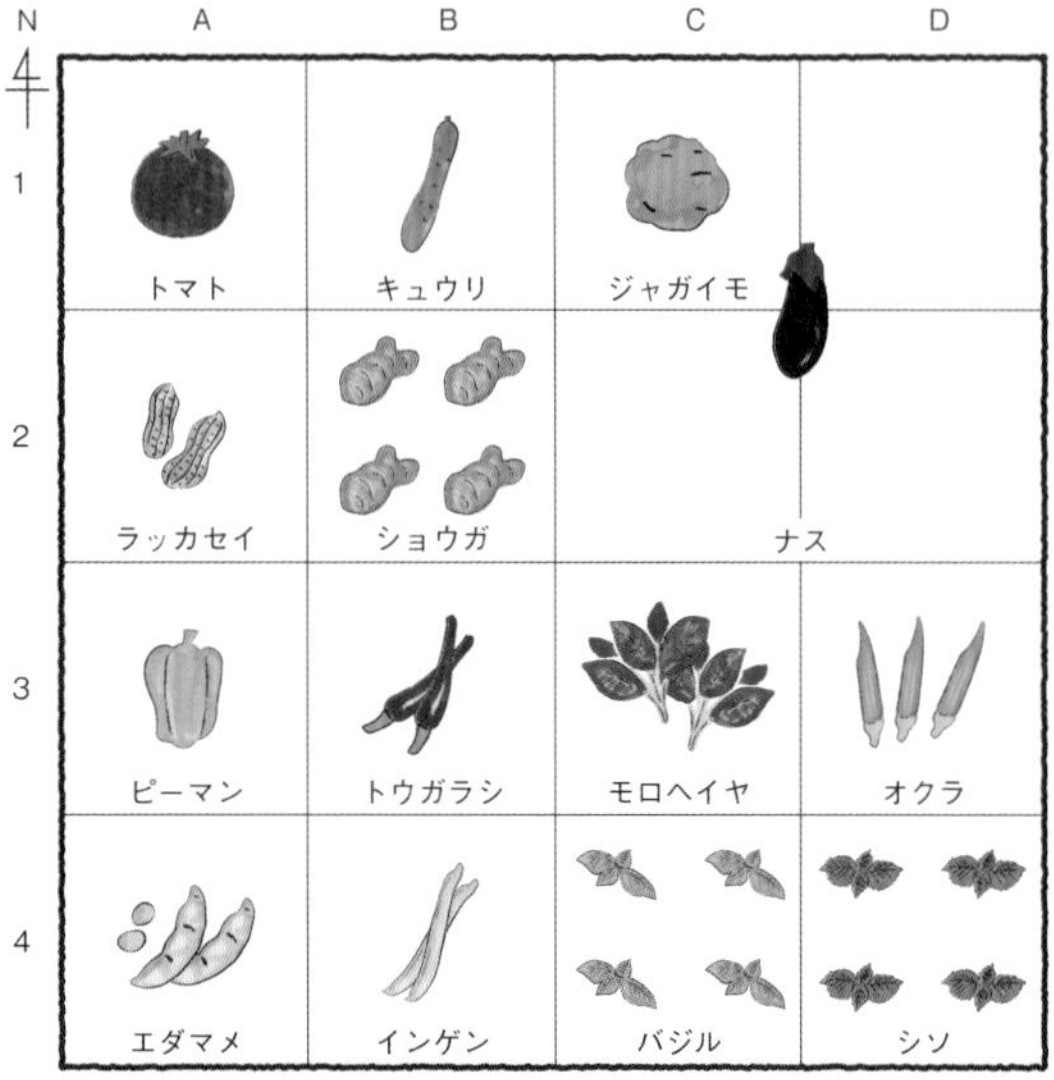

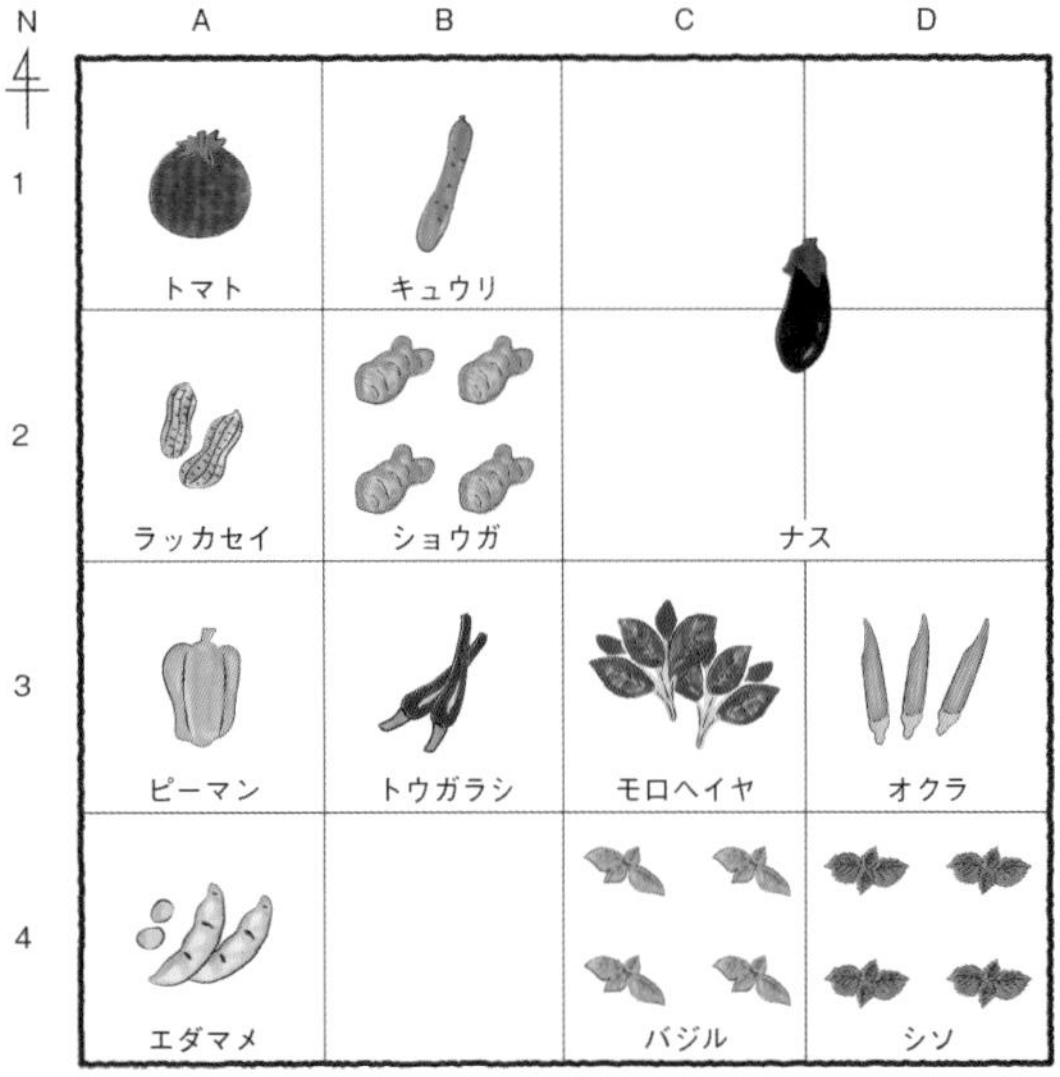

7月

トマト、ナス、ピーマン、トウガラシ、オクラの収穫が本格的に始まる。ナスは2週間に1回を目安に株元に追肥し、トマトやオクラは収穫したところから下の葉をハサミで落として風通しをよくする。エダマメはさやが膨らんだら株ごと抜き取る。モロヘイヤ、バジル、シソは、枝先を摘むと新しいわき芽が伸びてきて、次々に収穫できる。

品種にもよるが、ミニトマトは1株から100個以上収穫できる

8月

中旬になると夏野菜は弱って実つきが悪くなってくるので、10月に収穫するラッカセイとショウガ、秋ナスが期待できるナスを除いて9月までに切り上げる。夏野菜を撤収したあとは土を軽く耕して、秋野菜のための元肥を施す。C−2には雨が降った翌日にニンジンの種をまく。

ニンジンは初期生育が遅いので、草に負けないようにこまめに除草する

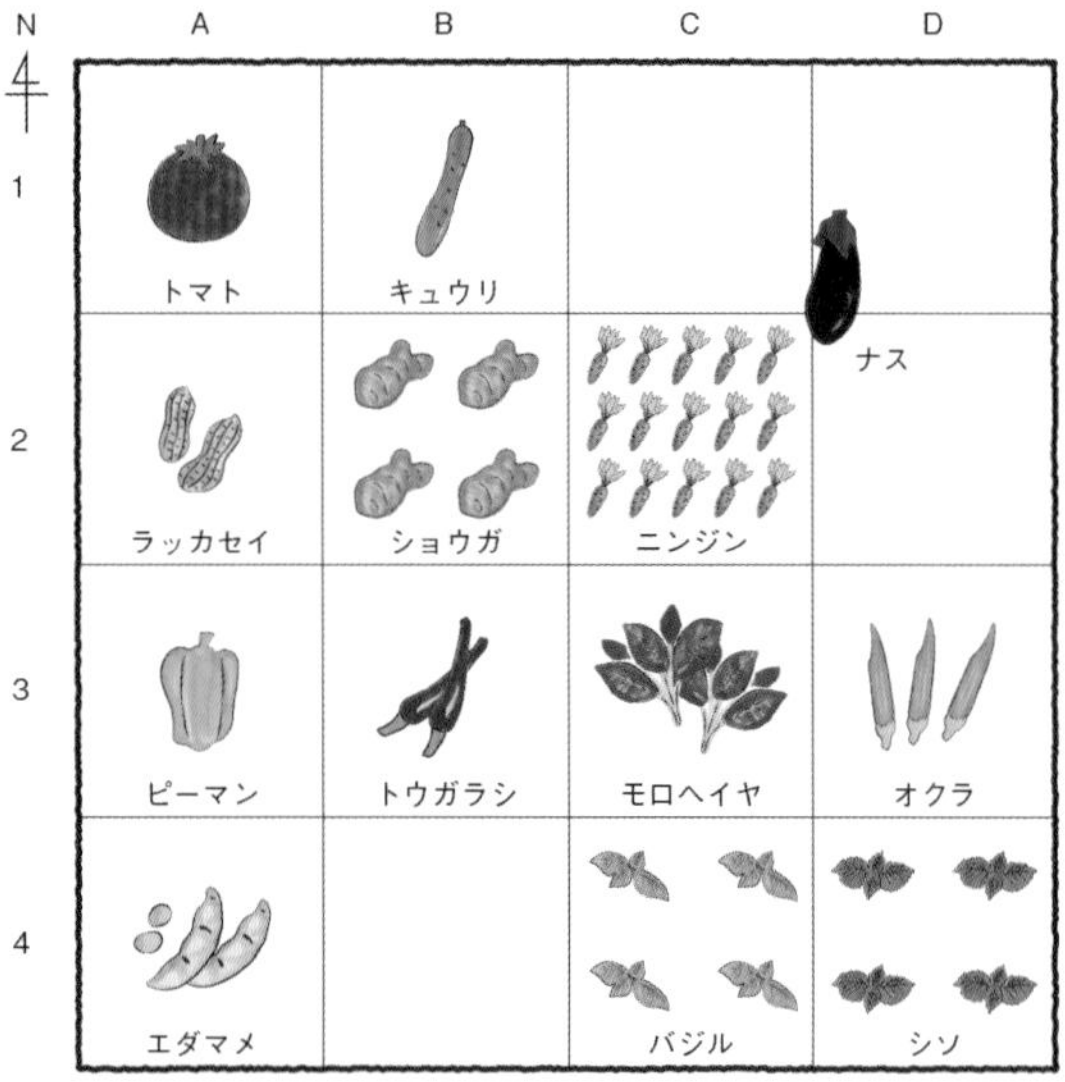

9月

上旬にキャベツ、ブロッコリー、カリフラワー、ハクサイ、レタスの苗を植えつける。ダイコン、カブ、コマツナ、ナバナ、シュンギク、ホウレンソウ、サンチュは種をまく。3列、4列はすべてアブラナ科の作物なので、まとめて防虫ネットをトンネル掛けして、害虫を防除する。

肥料要求量の多いキャベツやハクサイは元肥を施してから植えつける

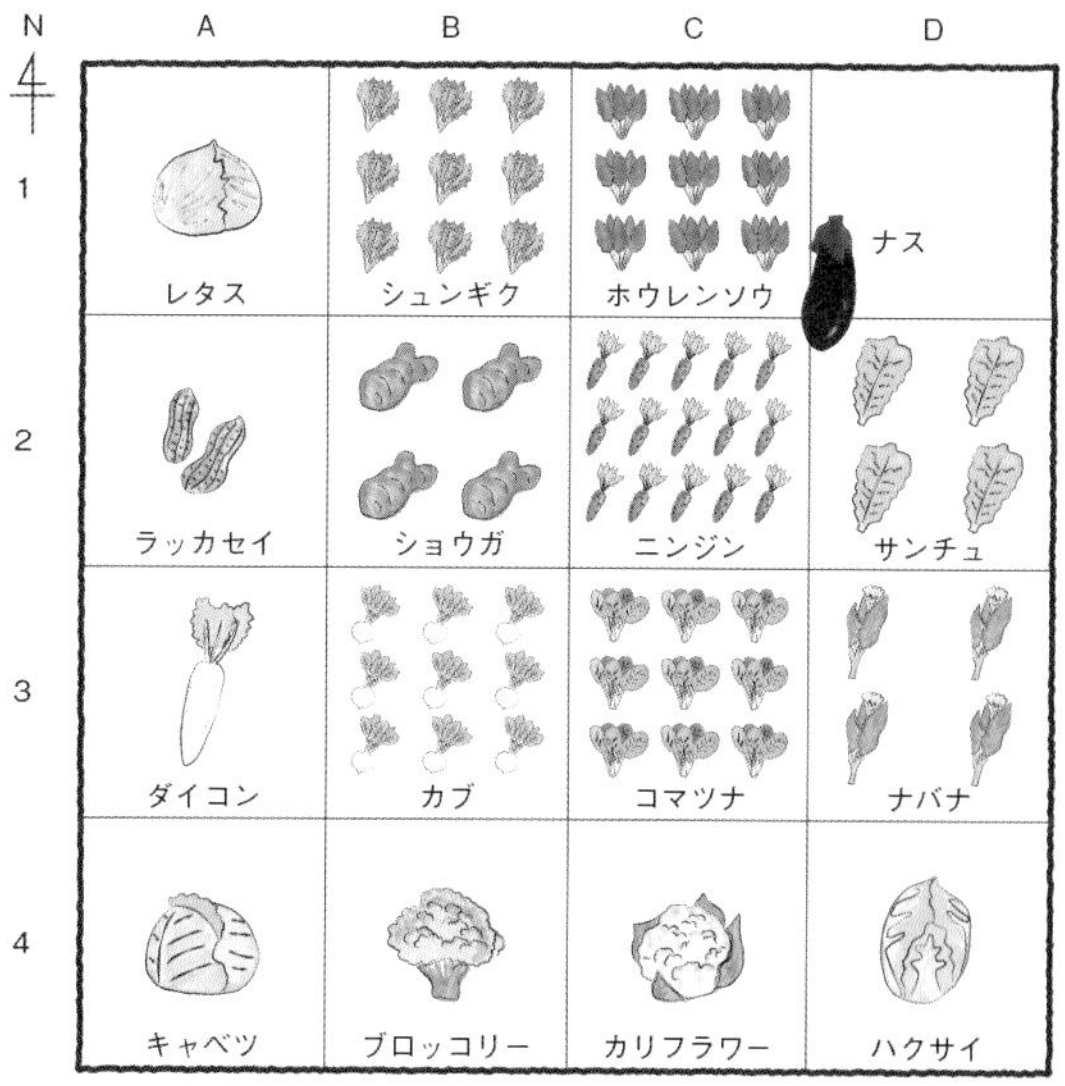

10月

ラッカセイ、ショウガを収穫し、下旬にエンドウとソラマメの苗を植える。ナスは上旬に撤収し、ニンニクを植えつける。種をまいた秋野菜は生育に合わせて隣り合う株と葉が重ならないように随時間引く。間引き菜はサラダやスープなどに利用する。

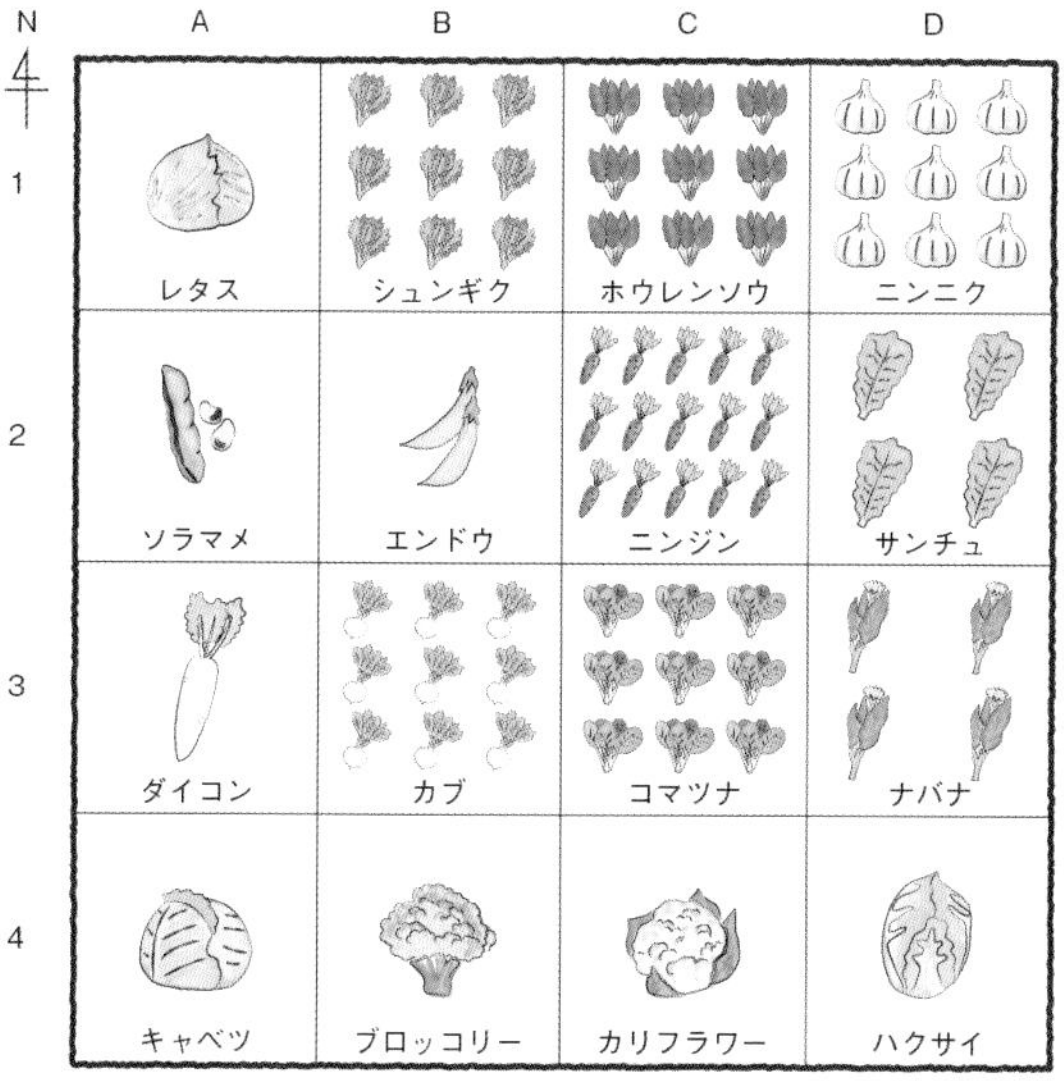

10月下旬にショウガを収穫。半日陰でも育ち、草丈の大きな夏野菜の株元でもよくできる

11月

11月中にサンチュを収穫し、12月上旬までにタマネギの苗を植える。キャベツ、レタス、ダイコンは十分な大きさに育ったら随時収穫する。エンドウ、ソラマメ、ニンニク、タマネギ、ナバナは冬越しさせて、翌春から初夏に収穫。ニンジンも収穫しながら冬越しさせられる。12月以降は寒さのため種まきや植えつけはできないので、翌春に新たな計画で栽培をスタートする。

ナバナやシュンギクは枝先を摘みながらわき芽の発生を促し、春先まで収穫が続く

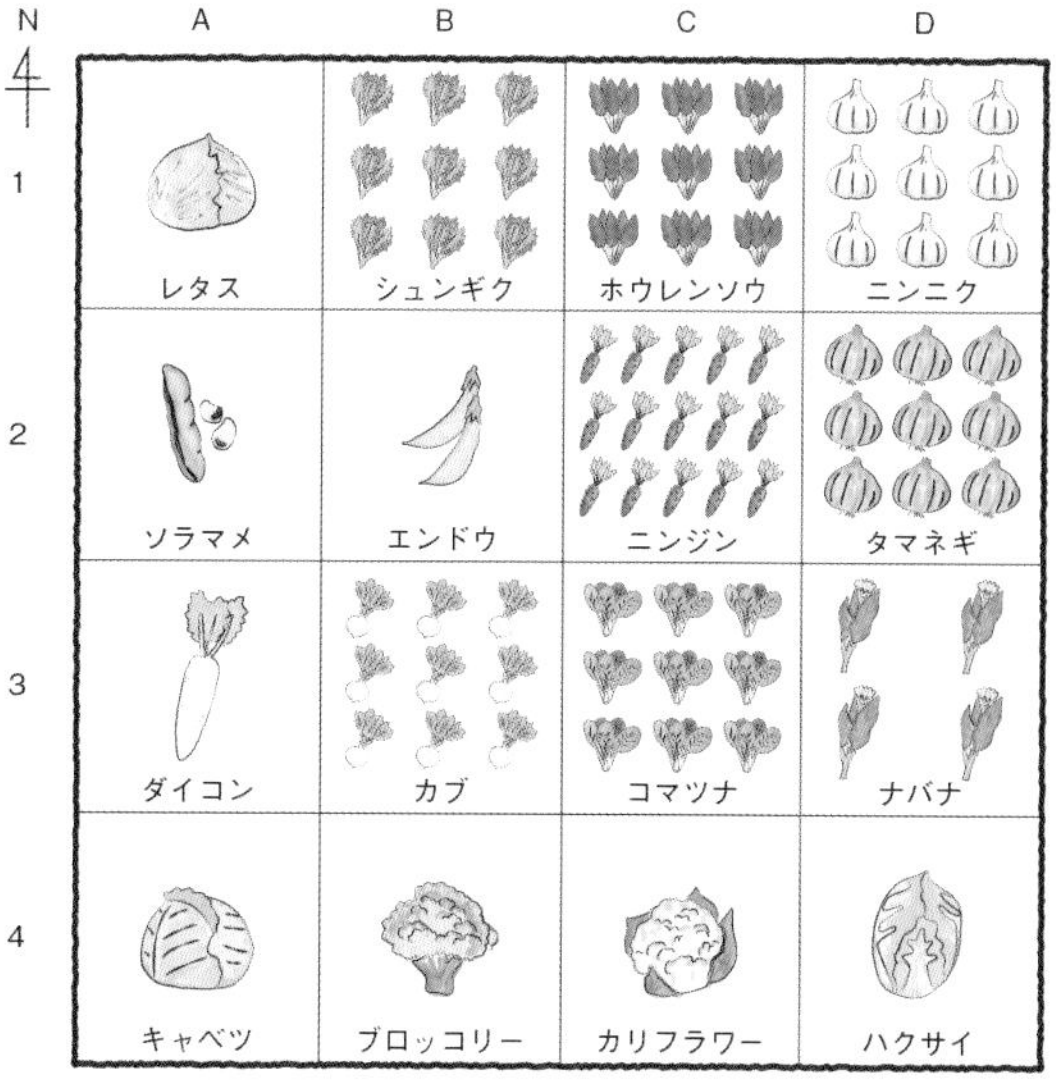

作付けプラン❷

春、夏、秋の3作で年間50品目を栽培！

シソ科のバジルやシソは、害虫を忌避する効果が強くナスやトマト、ピーマン類との相性がよい

混植&連続栽培で畑を休ませない

定番の夏野菜と秋野菜に、春先の1か月ほどで収穫できる小型の葉物や根菜をプラスする。さらに、**コンパニオンプランツを利用して相性のいい野菜を1マスに混植し、収穫後すかさず次作に切り替えていく**ことで多品目、多収を実現。一年で50品目をめざす。収穫→植えつけが連続するので、最初にしっかりと土をつくっておくことが大切だ。ナスやキャベツ、ハクサイなど肥料を多く必要とする野菜は追肥で補う。

3月に種をまく葉物は、不織布のベタ掛けやビニールトンネルで保温すると発芽・生育が早まり、5月上旬までにほとんど収穫できる。その後、夏野菜を植えつけ、9月には秋野菜にバトンタッチ。10月以降に植えつけるエンドウ、ソラマメ、ニンニク、タマネギは越冬させて翌年初夏に収穫する。

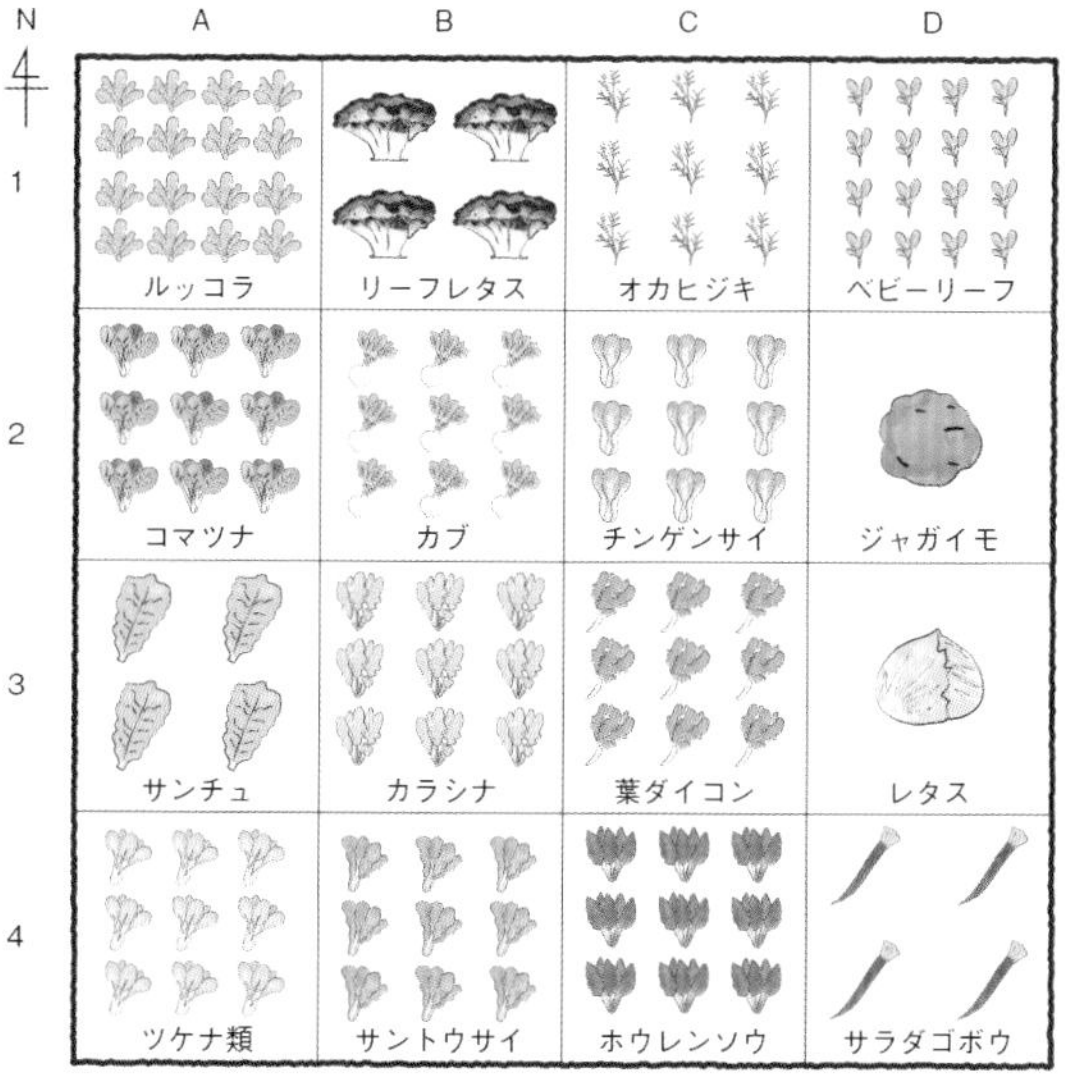

3月

コマツナやチンゲンサイ、ルッコラなど小型の葉物は1マス3～4条ですじまきし、間引きながら残す株を大きくする。サラダゴボウ、リーフレタス、サンチュはマスの四隅に1株ずつ。ジャガイモはマスの中央に種イモを1個、または苗を植えつける。種まき、植えつけ後、全体に不織布をベタ掛けして防寒すると発芽・生育が早まり、害虫防除にもなる。

不織布で保温、保湿して発芽に必要な地温と水分を確保する

5月

5月中旬を目安に葉物類の収穫を終え、後作にトマトやナスなどの夏野菜を植えつける。ナス科、ウリ科にはコンパニオンプランツのネギ類を混植し、病害を予防する。ジャガイモは土寄せを2回行い、サラダゴボウのマスの真ん中には半日陰でも育つつるなしインゲンの苗を植える。

葉物や根菜は若いうちから、やわらかい葉をいつでも収穫できる

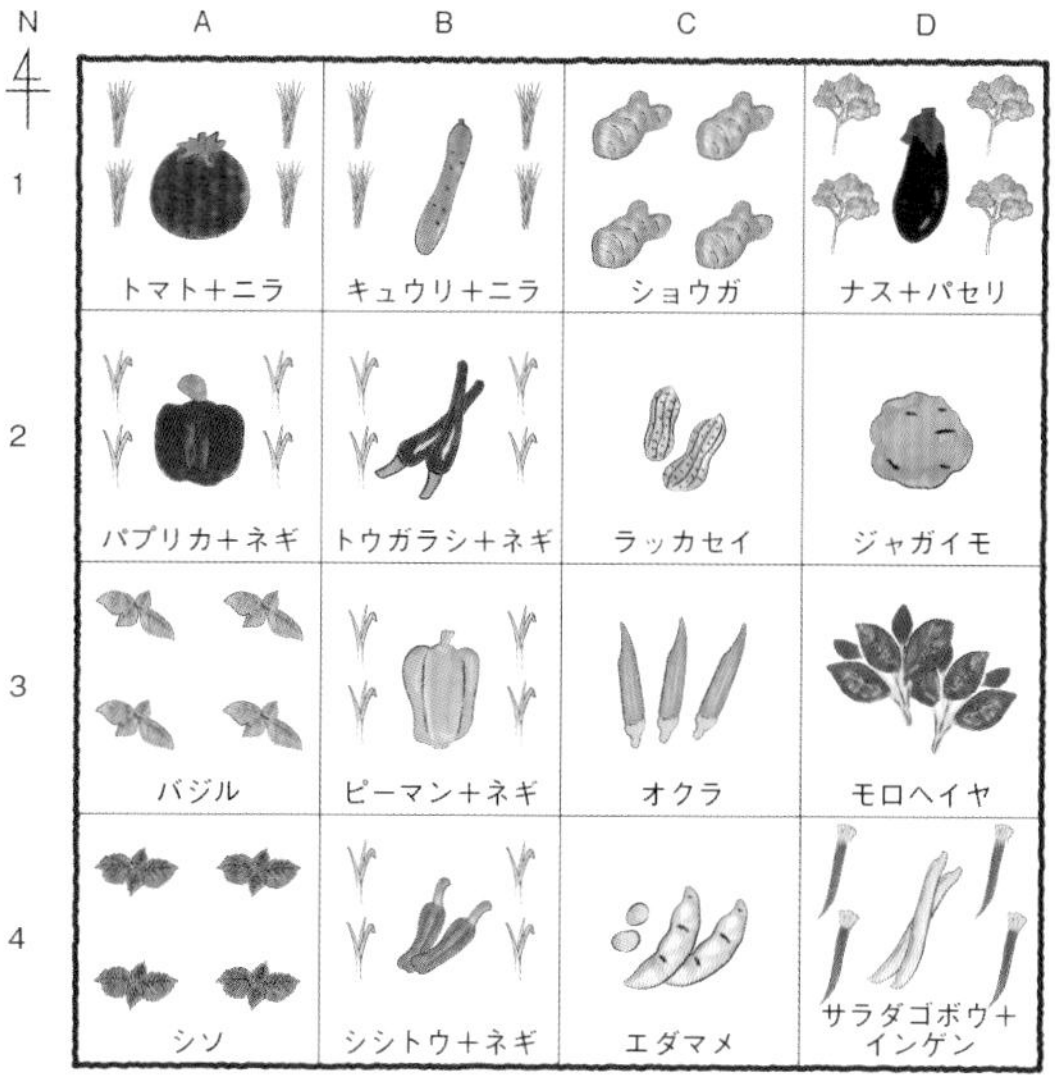

6月

ジャガイモは地上部が黄色く枯れたら、梅雨の合間の晴れた日に掘り上げる。つるなしインゲンはさやが太ったものから摘み取る。トマトは茎を支柱に誘引し、こまめにわき芽をかく。ナスは本来1マスでは狭いが、枠の隅に植えつけ、周りに草丈の低いショウガやラッカセイを配置することで、枝葉が伸びるスペースを確保できる。

竹を束ねた円錐型の支柱にトマトとキュウリを誘引する

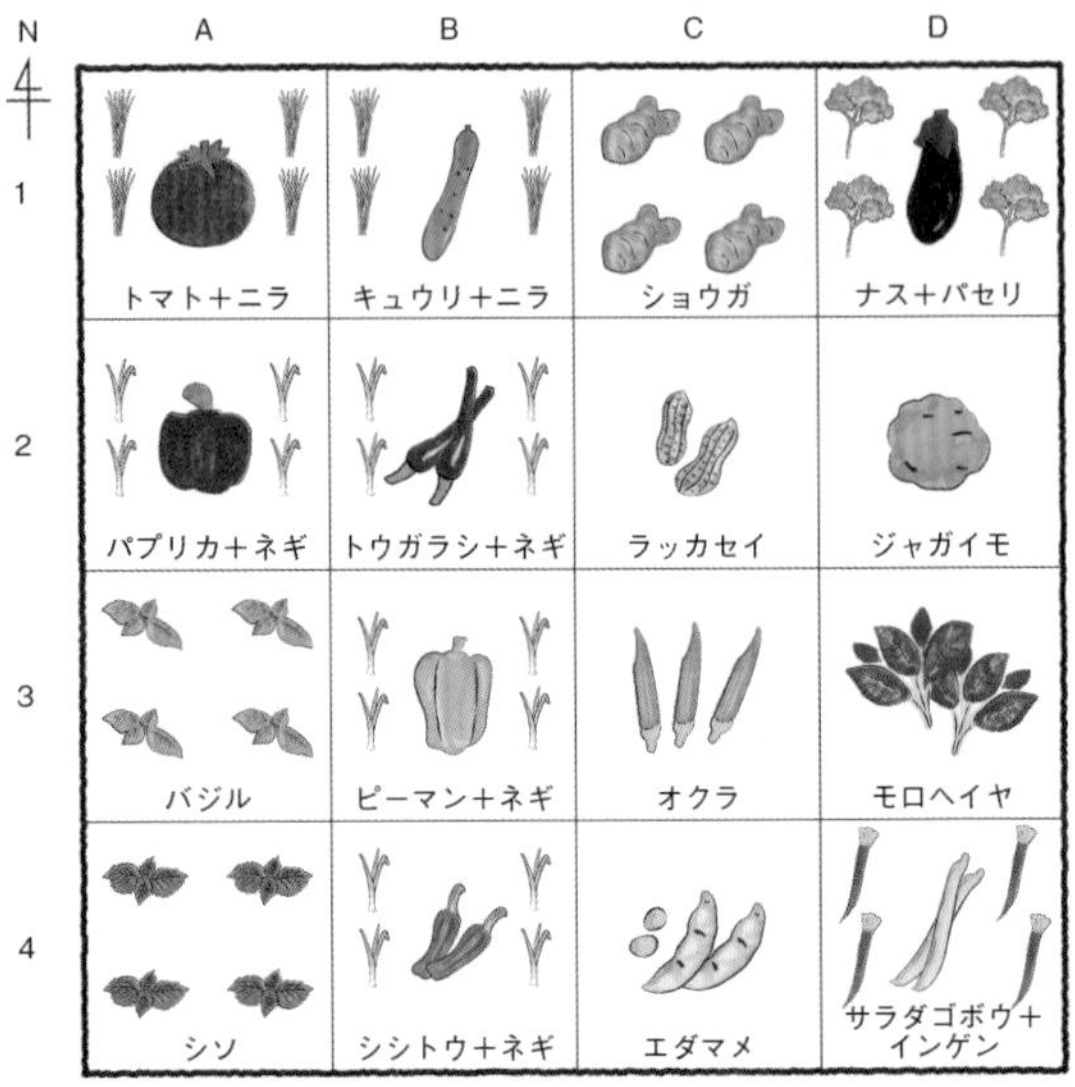

7月

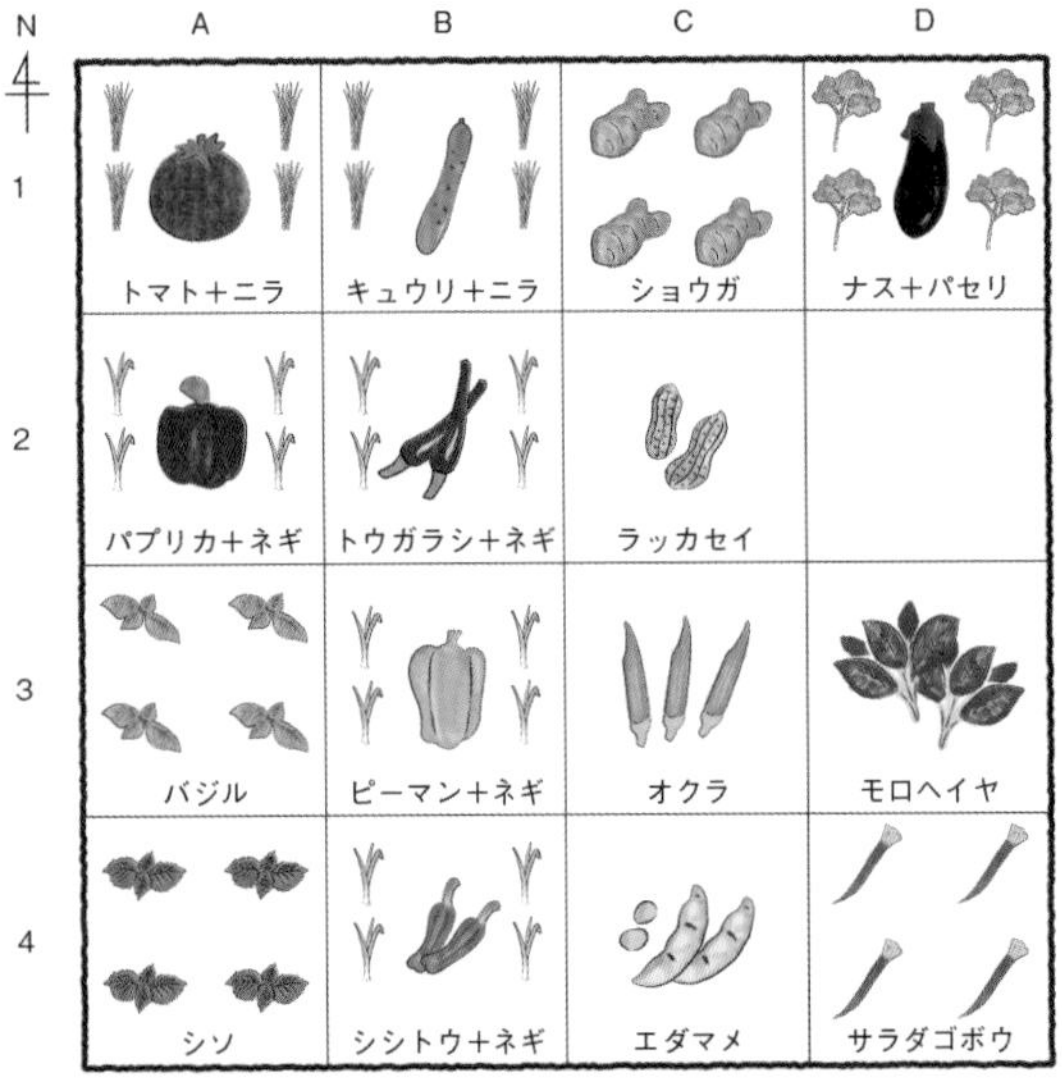

夏野菜の収穫が本格的に始まる。枝葉が混み合い、風通しが悪くなると病気や害虫が発生しやすくなるので、トマトやキュウリは枯れた下葉をかき取るなどして風通しをよくする。株元にはわらや籾殻を敷いて、乾燥や雑草を抑える。ナスは収穫が始まったら2週間に1回を目安に追肥する。

2m×2mの広さでも、18種類の野菜がのびのび育っている

8月

ショウガとラッカセイを除く夏野菜は8月いっぱいで収穫を終える。トマト、キュウリと混植していたニラは一度掘り上げてA−1に、ネギはB−1にまとめて植え替える。D−2には雨のあとの地面が湿っているときにニンジンの種をまき、発芽まで乾燥しないように、必要に応じて水をやる。

シソやバジルは1マスに4株植えられるが、混み合う場合は1株植えにして大きく育ててもよい

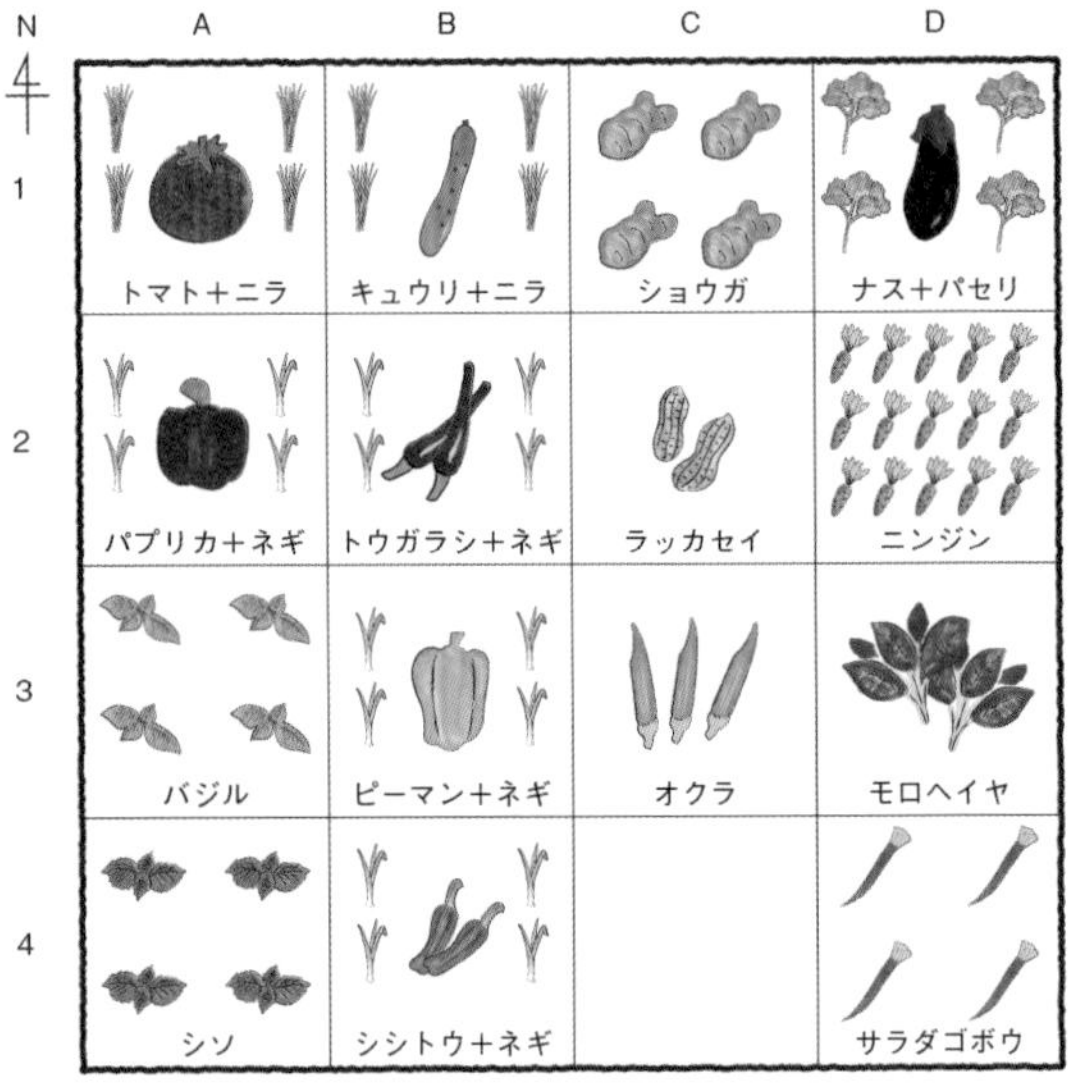

9月

夏野菜を撤収したあとに秋冬野菜を植えつける。キャベツ、ブロッコリー、カリフラワー、ハクサイは、比較的肥料を多く必要とするので、苗を植えつける前に元肥として有機質肥料をそれぞれのマスに10g程度施す。3列、4列には害虫に食害されやすいアブラナ科の野菜をまとめて植え、防虫ネットをトンネル掛けする。

3、4列は防虫ネットのトンネル掛け、1、2列は不織布のベタ掛けで害虫を防除

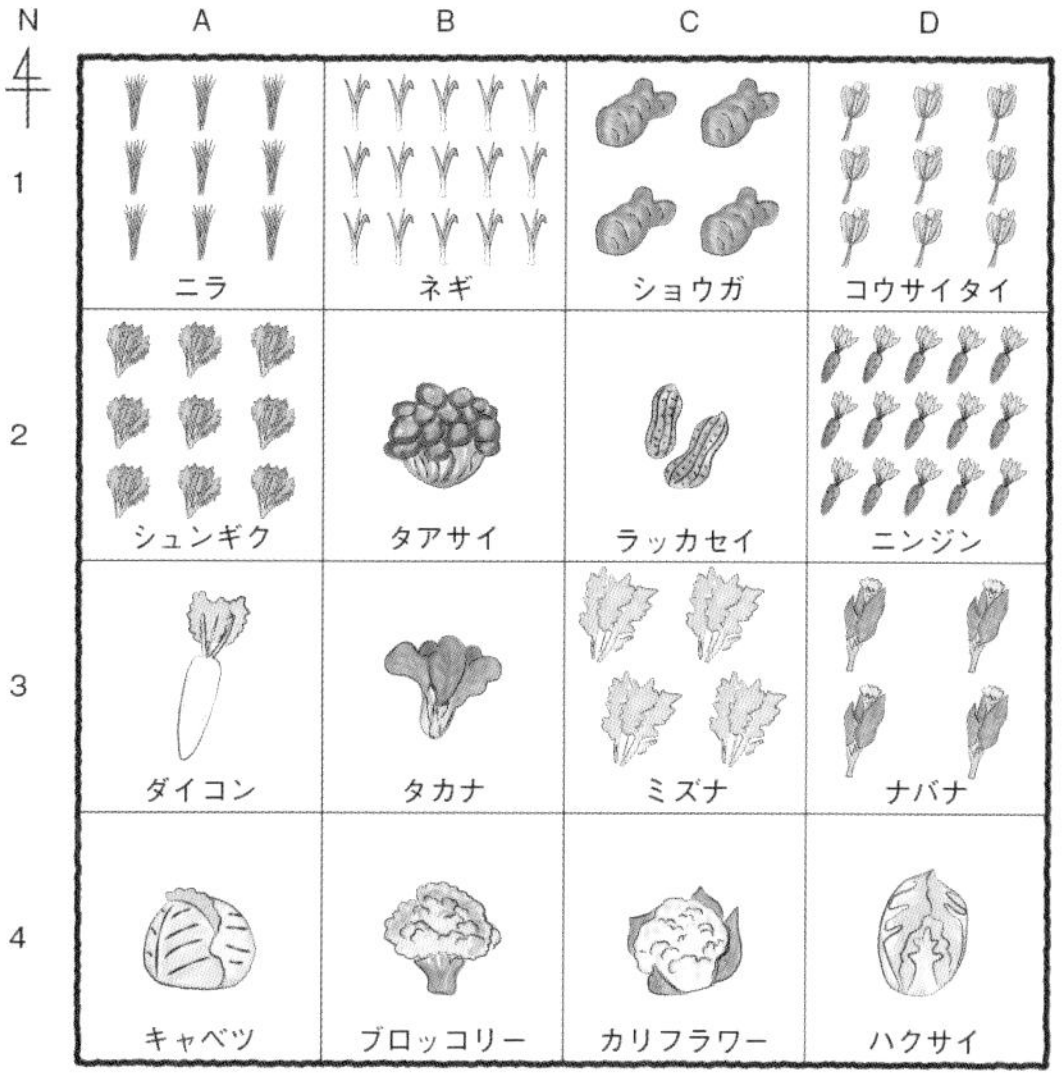

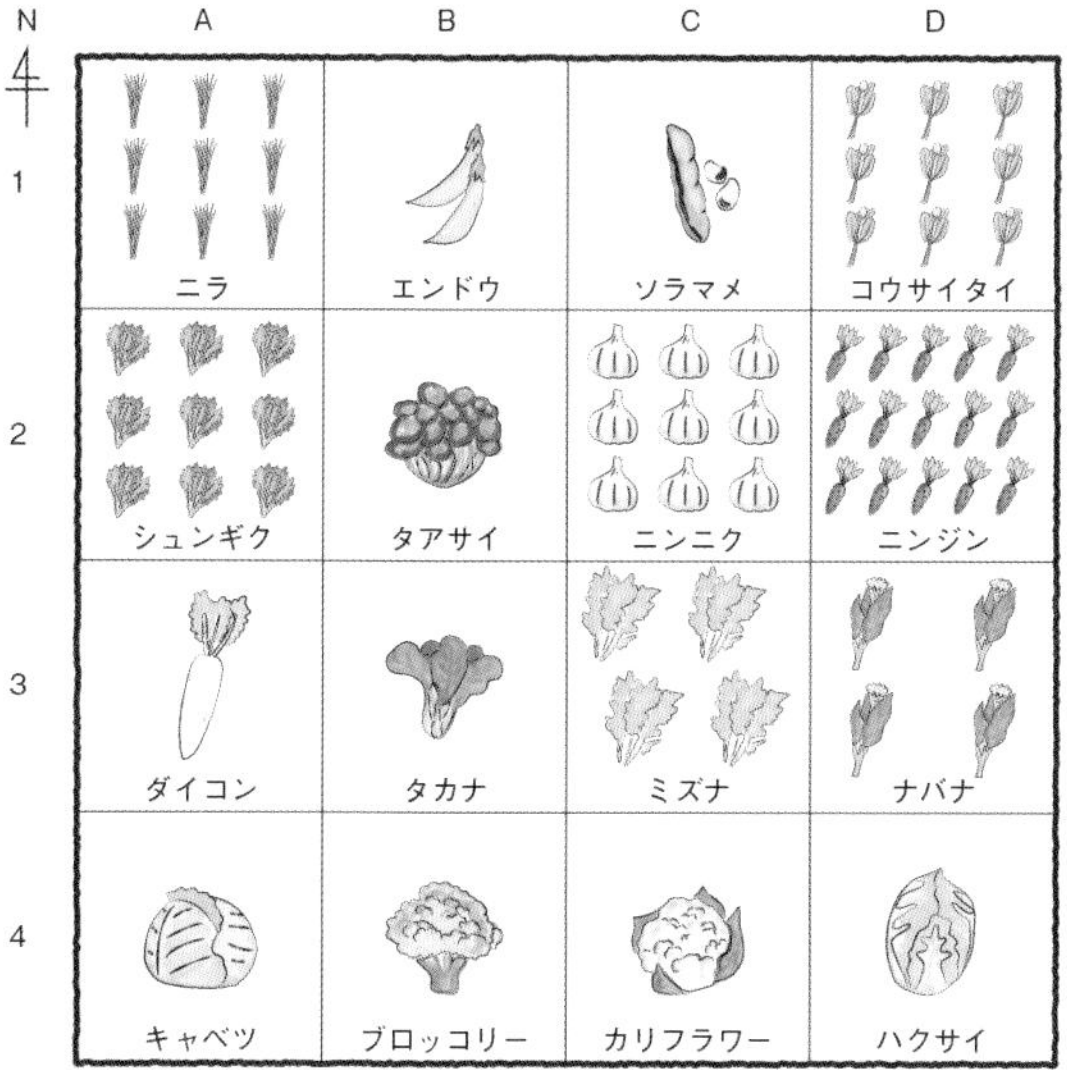

10月

ネギ、ショウガ、ラッカセイを収穫し、エンドウ、ソラマメ、ニンニクを植えつける。ソラマメは害虫のアブラムシがつきやすいので、防虫ネットを掛けて防除する。コウサイタイ、ニンジンは間引きながら残す株を大きくする。

ピーマンなどと混植していたネギは、9月に植え替えて10月下旬まで育てて収穫する

11月

11月中にA－1にタマネギを植えつける。ニラは葉を収穫し、株はそのままタマネギと一緒に越冬させる。翌春に掘り上げてウリ科やナス科のコンパニオンプランツとして利用してもよい。キャベツやブロッコリーなどの秋冬野菜は大きくなったものから収穫していく。

コウサイタイやナバナ、ニンジンは寒さに強いので植えつけたまま、その都度必要な分を収穫する

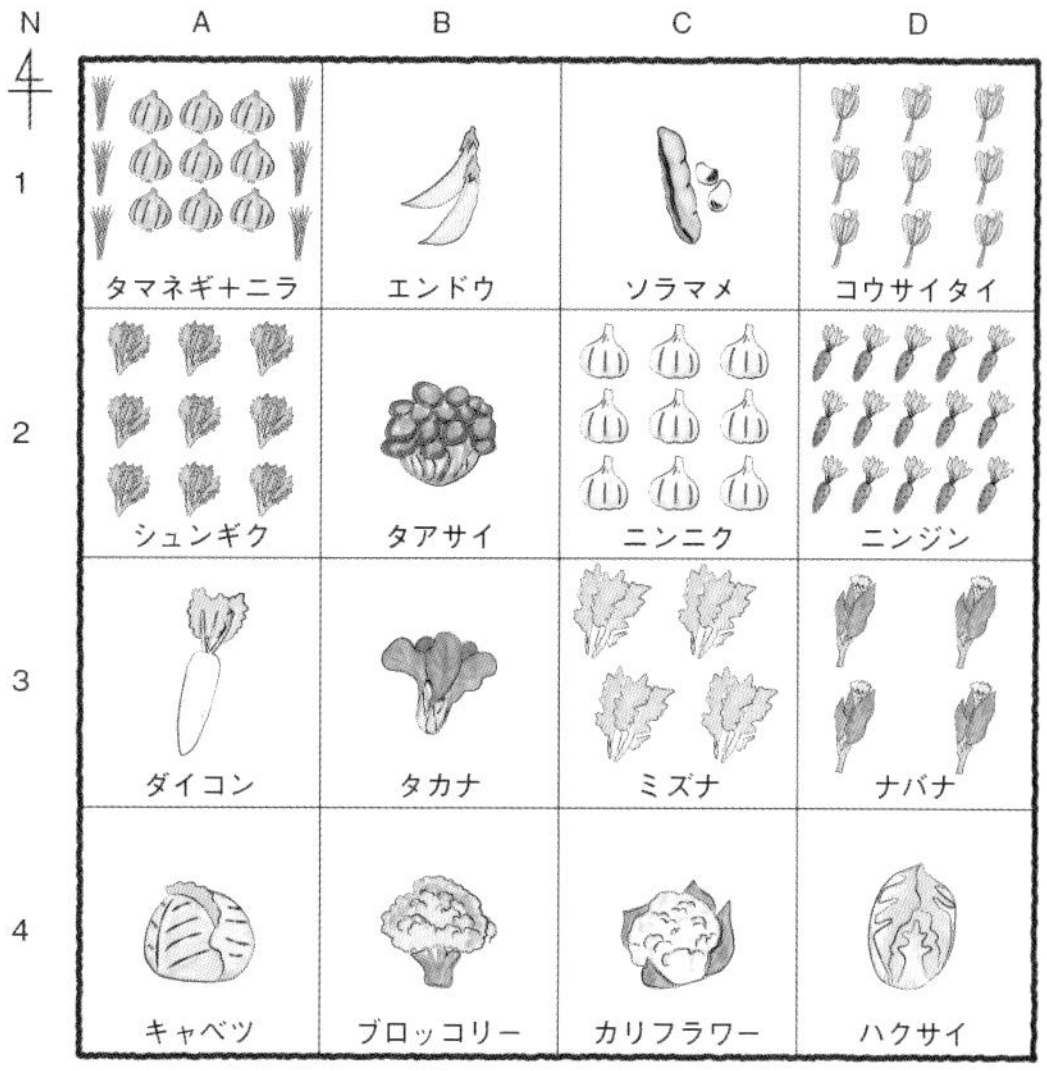

作付けプラン❸

好きな品種の野菜を いっぱい育てる

ジャガイモは掘り上げたら表面を
2〜3時間乾かしてから取り込む

種類を厳選すると作業も楽になる

16のマスにどんな野菜を植えるかは自由。同じ野菜でいろいろな品種を育てたり、消費量の多い野菜をたくさん作ったりするのもミニ菜園の手法のひとつだ。このプランでは春夏はジャガイモ、トマト、トウモロコシ、エダマメの4品目に厳選。トマトはマスごとに異なる品種を栽培し、味の違いを楽しむ。**トウモロコシはそもそも自家受粉できる確率が低いので複数の株を育てる必要がある。**1マスに2株植えつけて、さらに相性のいいエダマメとの混植で生育を促す。

秋は用途が広いダイコン、キャベツ、ブロッコリー、カリフラワーを2株ずつ育て、10月には翌年の初夏に収穫するエンドウ、ニンニク、ソラマメ、イチゴを植えつける。**野菜の種類をしぼることで管理もしやすくなる。**

4月

N	A	B	C	D
1				
2	エダマメ	エダマメ	エダマメ	エダマメ
3	エダマメ	エダマメ	エダマメ	エダマメ
4	ジャガイモ	ジャガイモ	ジャガイモ	ジャガイモ

ジャガイモは、3月中旬に1マス1株で種イモまたは芽出しした苗を植えつける。エダマメは4月中旬にそれぞれのマスの中央に種をまくか、または苗を植えつける。同じマスで育てるトウモロコシの草丈が伸びる前にエダマメを本葉5〜6枚に成長させておくと、両者が養分をうまく分け合える。

同じマスに混植するトウモロコシに先んじて、エダマメを1マス1株で植えつける

5月

上旬にトマトの苗を植えつける。大玉は難易度が高いので、ミニ、または中玉でマスごとに異なる品種を育てる。トウモロコシはマスの隅に対角になるように2株植え、8マスで合計16株育てる。種をまく場合は2〜3粒まきで、草丈15cmほどで間引いて1本立ちにする。

ジャガイモは太ったイモが地表に出ないように株元に土寄せする

N	A	B	C	D
1	トマト	トマト	トマト	トマト
2	エダマメ＋トウモロコシ	エダマメ＋トウモロコシ	エダマメ＋トウモロコシ	エダマメ＋トウモロコシ
3	エダマメ＋トウモロコシ	エダマメ＋トウモロコシ	エダマメ＋トウモロコシ	エダマメ＋トウモロコシ
4	ジャガイモ	ジャガイモ	ジャガイモ	ジャガイモ

6月

ジャガイモは地上部が枯れたら収穫する。トマトは成長に合わせて茎を支柱に誘引し、こまめにわき芽をかいて枝が混み合わないようにする。わらや籾殻でマルチングすると雨による泥はねを抑えられ、病気の予防になる。

支柱は30cmくらい地中に埋め込んで安定させる。上部に横支柱を渡すと丈夫になる

N	A	B	C	D
1	トマト	トマト	トマト	トマト
2	エダマメ＋トウモロコシ	エダマメ＋トウモロコシ	エダマメ＋トウモロコシ	エダマメ＋トウモロコシ
3	エダマメ＋トウモロコシ	エダマメ＋トウモロコシ	エダマメ＋トウモロコシ	エダマメ＋トウモロコシ
4	ジャガイモ	ジャガイモ	ジャガイモ	ジャガイモ

7月

トマトは収穫が始まる。エダマメはさやが膨らんだら株元をハサミで切って収穫する。トウモロコシは雄穂が発生したらつけ根から切り取って、雌穂の絹糸に人工授粉すると実入りがよくなる。受粉したら、そのほかの株の雄穂もカットし、花粉に誘われてやってくるアワノメイガを防除する。

トウモロコシの株元でエダマメが育つ。空間を効率的に利用でき、生育促進も期待できるコンパニオンプランツ

N	A	B	C	D
1	トマト	トマト	トマト	トマト
2	エダマメ＋トウモロコシ	エダマメ＋トウモロコシ	エダマメ＋トウモロコシ	エダマメ＋トウモロコシ
3	エダマメ＋トウモロコシ	エダマメ＋トウモロコシ	エダマメ＋トウモロコシ	エダマメ＋トウモロコシ
4				

8月

トウモロコシは雌穂の絹糸が茶色く縮れたら収穫適期。外皮の上から実を握って中身が詰まっていたらもぎ取る。収穫後のトウモロコシの茎はかたくて分解しにくいので、細かく刻んでマルチに利用する。トマトも8月いっぱいで収穫を終える。

収穫適期のトウモロコシ。鮮度が落ちるのが早いのですぐに調理する

N	A	B	C	D
1	トマト	トマト	トマト	トマト
2	トウモロコシ	トウモロコシ	トウモロコシ	トウモロコシ
3	トウモロコシ	トウモロコシ	トウモロコシ	トウモロコシ
4				

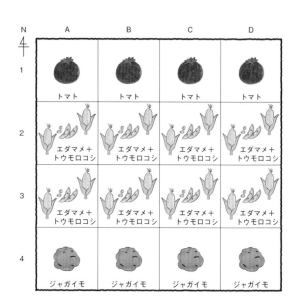

9月

ダイコンはマスの真ん中に3〜5粒の種をまき、発芽後、生育の悪い株を間引いて本葉5〜6枚で1本立ちにする。キャベツ、ブロッコリー、カリフラワーは苗を植えつける。いずれもアブラナ科の野菜でアオムシやヨトウムシの食害を受けやすいので、1列と2列に防虫ネットを掛けて防除する。

1、2列にキャベツなどの苗を植えつけ、3〜4列は10月の植えつけに備えて土を休ませる

N	A	B	C	D
1	ダイコン	ダイコン	カリフラワー	カリフラワー
2	キャベツ	キャベツ	ブロッコリー	ブロッコリー
3				
4				

10月

エンドウは1マス2株、ソラマメ、イチゴは1マス1株で苗を植えつける。ニンニクは株間、条間それぞれ10cmで1マスに9個の種球を植えつける。キャベツは結球が始まるころに有機質肥料10gを追肥し、球の肥大を促す。ブロッコリーとカリフラワーにも同じタイミングで追肥する。

ソラマメの苗。本葉4〜5枚の幼苗で越冬させる

N	A	B	C	D
1	ダイコン	ダイコン	カリフラワー	カリフラワー
2	キャベツ	キャベツ	ブロッコリー	ブロッコリー
3	エンドウ	エンドウ	ニンニク	ニンニク
4	ソラマメ	ソラマメ	イチゴ	イチゴ

11月

ダイコン、キャベツ、ブロッコリー、カリフラワーは適したサイズに育ったら収穫する。品種にもよるが、ブロッコリーは頂花蕾を収穫したあと、葉のつけ根から発生する側花蕾を収穫できる。イチゴは枯れた下葉を摘み取る。ニンニクは翌年1〜2月に有機質肥料10gを追肥する。

1、2列のダイコンやキャベツは年内に収穫して、翌春の栽培計画を立てる。3〜4列は翌年の初夏に収穫となる

N	A	B	C	D
1	ダイコン	ダイコン	カリフラワー	カリフラワー
2	キャベツ	キャベツ	ブロッコリー	ブロッコリー
3	エンドウ	エンドウ	ニンニク	ニンニク
4	ソラマメ	ソラマメ	イチゴ	イチゴ

作付けプラン❹

立体的に空間を利用し、大型野菜に挑む

空中栽培はカボチャやスイカの実が高い位置につくので、土で汚れないメリットもある

支柱とネットで箱を作り、壁や天井につるを伸ばす

つるが広がるカボチャやスイカ、茎葉が大きく展開するズッキーニ、深い作土層※1が必要なゴボウなどは、空間を立体的に利用して育てる。ミニ菜園の**四隅に支柱を立ててひもやネットを張り、四角い箱のように見立てる**のだ。高さ2mの壁が4面と天井を合わせれば約20㎡の広さになり、カボチャやスイカのつるを伸ばせる。

ゴボウは、1マスに収まる高さ1mほどの枠を作って種をまく。収穫するときは、枠をばらして土を崩せば立派なゴボウが簡単に抜き取れる。

秋はズッキーニの後作に冬どりのジャガイモを植え、1列にはキャベツ、ブロッコリー、ハクサイ、ダイコンを栽培。2列は直列型で組んだ支柱にネットを張ってエンドウを育てる。

※1 作土層…土壌の上層部分。耕うんや施肥、灌水など作物の生産において人が最も影響を与えている土層。

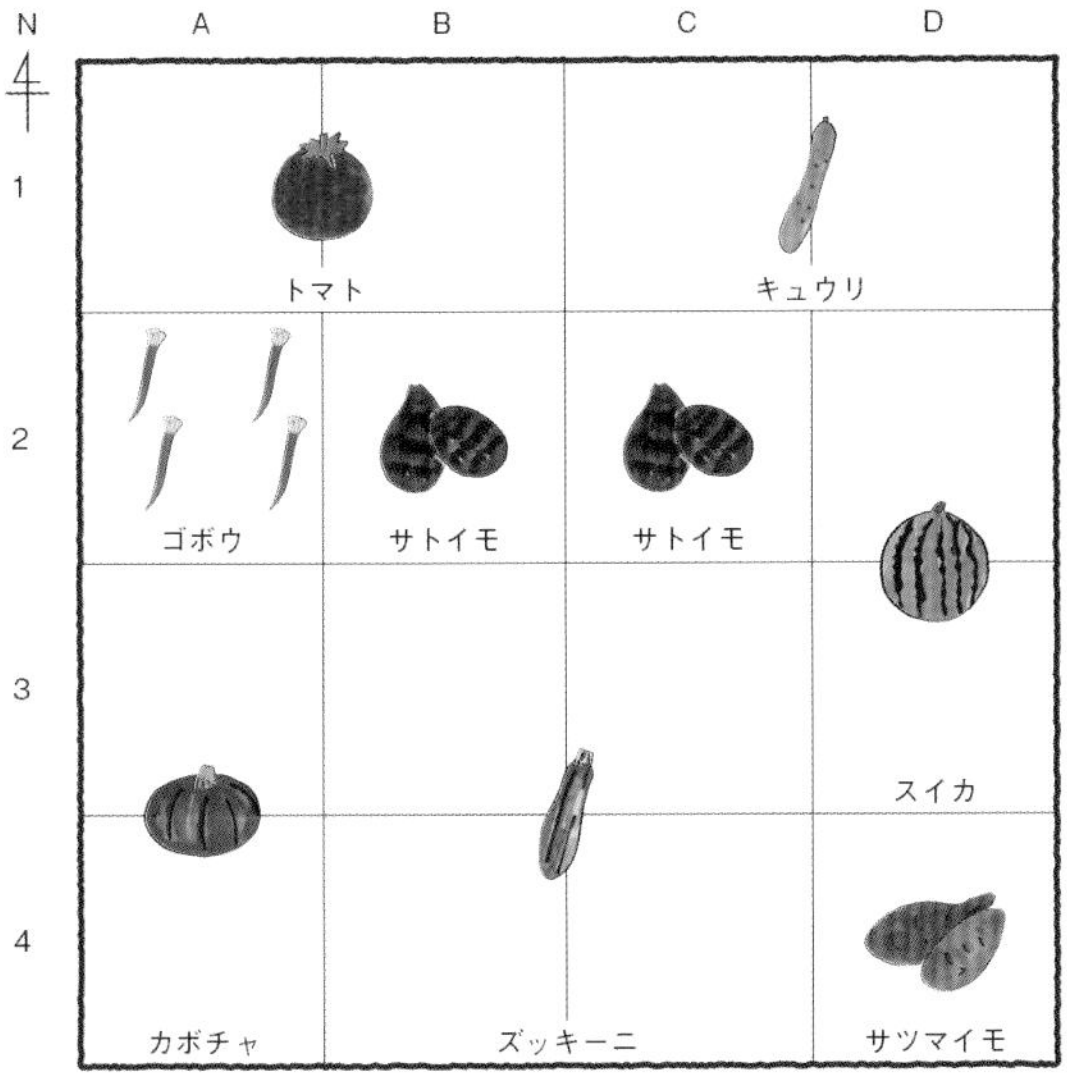

5月

支柱にはビニールハウス用のパイプを利用（42ページ写真）。枠の四隅に柱となるパイプを立て、専用の金具で横に渡したパイプと連結する。パイプにはひも、またはネットを張り、キュウリ、カボチャ、スイカのつるを誘引。サツマイモのつるは枠の外に伸ばす。トマトは2マスで1株とし、主枝と側枝1本を伸ばす2本仕立てで収量を上げる。ゴボウは、木材で高さ1mほどの枠を作って、その中に畑土や培養土を入れて種をまく。

11月

8月中旬～下旬に秋作のジャガイモを植えつける。9月上旬にはキャベツ、ブロッコリー、ハクサイ、ダイコンの栽培をスタート。スイカとカボチャの後作には、栽培期間の短いコマツナとカブを9～10月に育てる。サトイモ、ゴボウ、サツマイモは10月中に栽培を終え、エンドウ、ソラマメ、タマネギにバトンタッチ。キャベツ、ブロッコリー、ハクサイ、ダイコンは霜が降りる前に収穫し、ジャガイモは地上部が枯れたら掘り上げる。

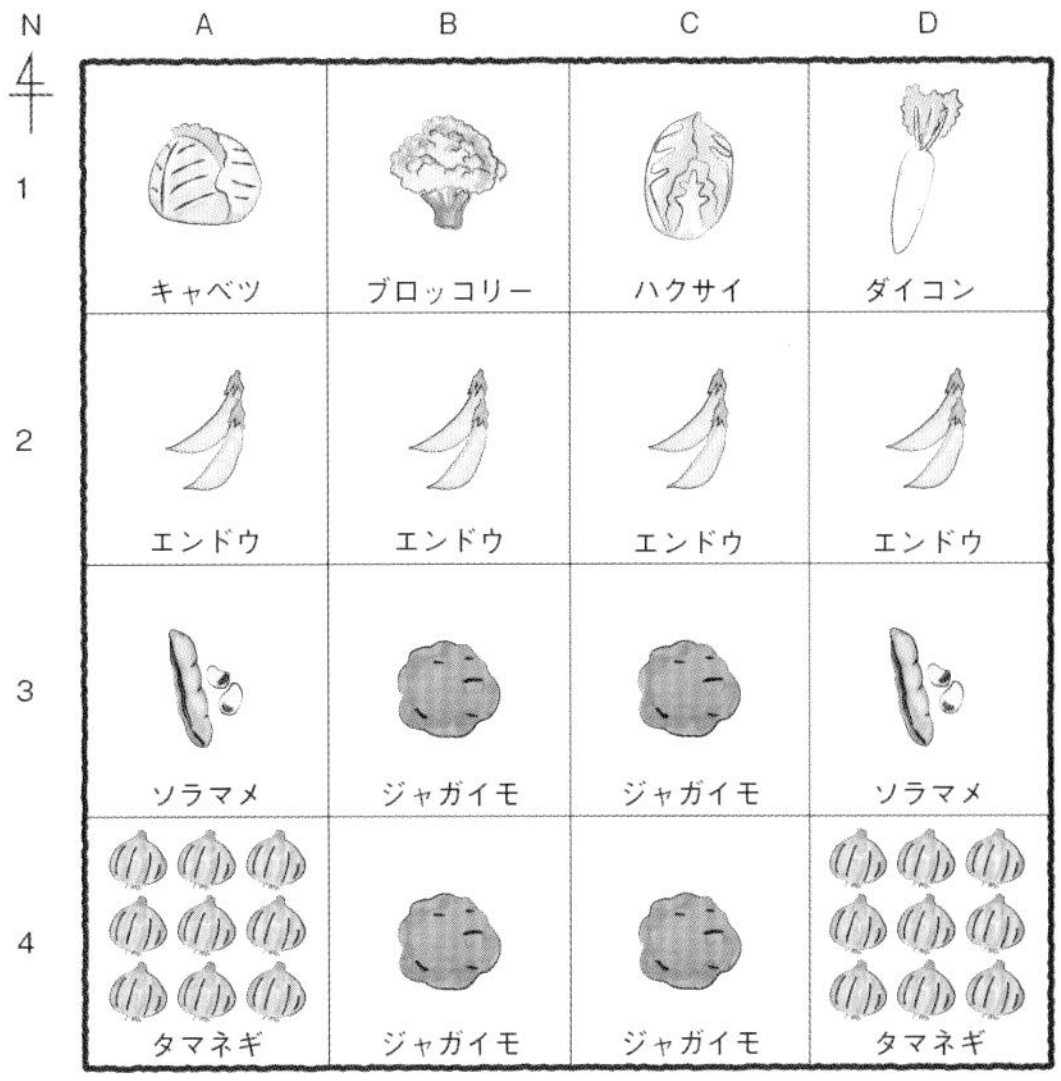

作付けプラン❺

野菜とハーブで彩るキッチンガーデン

支柱も木の枝や竹などの自然素材を使い、組み方にも工夫をこらしてみるとよい。株元には籾殻を敷いて雑草を防除

コンパニオンプランツになり、一度植えつければ手間なし

色みのある野菜やハーブを組み合わせて、見栄えよくミニ菜園をデザインする。

赤や黄色の実が鈴なりのミニトマト、鮮やかな花が咲くオクラ、切れ込みのある葉がかわいらしいイタリアンパセリなど、野菜は**草姿や葉の色、花の美しさなどにも注目**してチョイス。

ローズマリーなど常緑のハーブを植えておくと、野菜を収穫したあとや冬のあいだも菜園から緑がなくならない。

ハーブの多くは独特の強い香りを持ち、害虫を防ぐ効果が高いので、**コンパニオンプランツとしても役立つ**し、料理のアクセントにもなり、ちょっとあると重宝する。丈夫で病害虫の被害もほとんどなく、一度植えつければずっと収穫できるので手間もかからない。

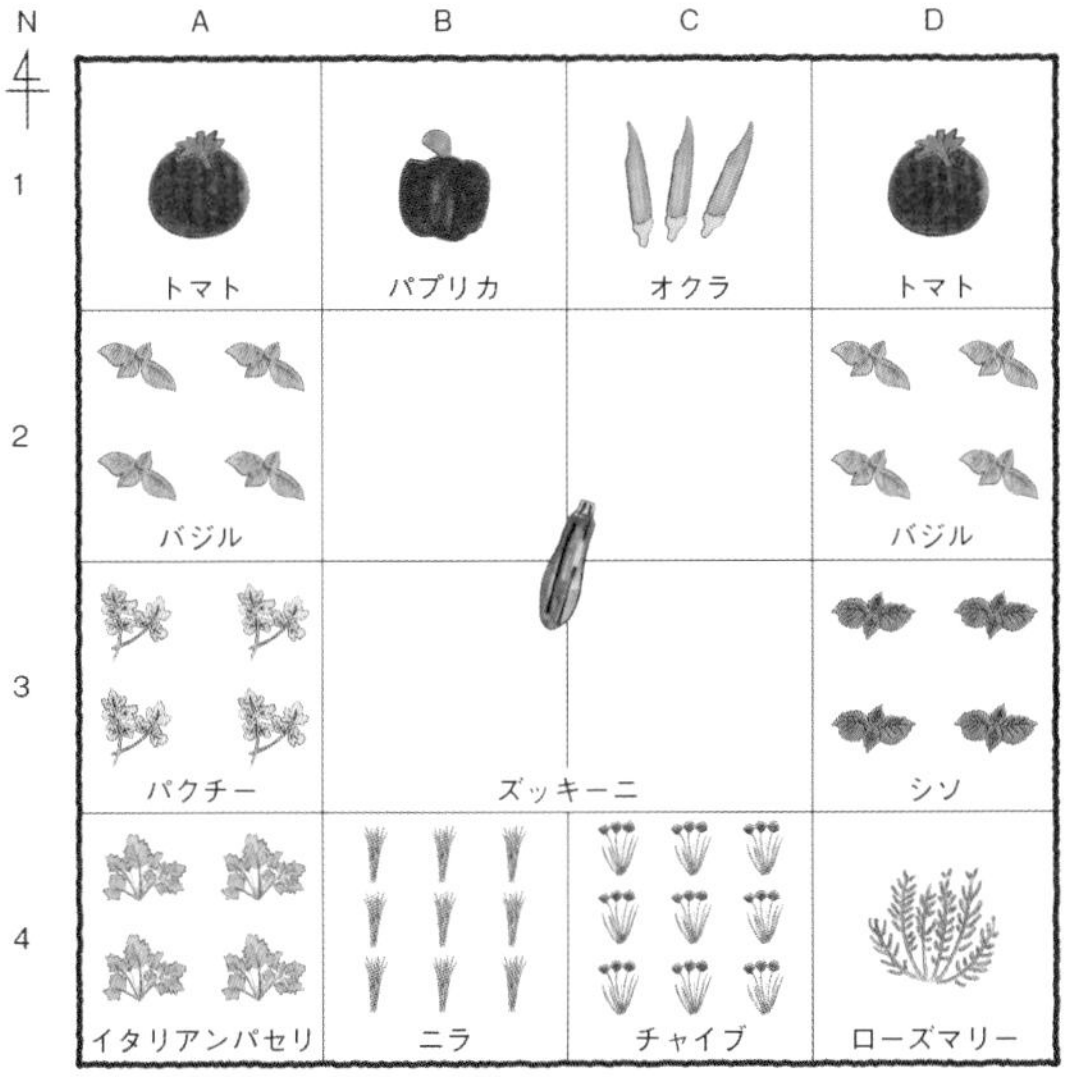

5月

1列にはカラフルな実がつくトマトとパプリカ、花がきれいなオクラを栽培。オクラは1マスに3株育てることで、元来強すぎる樹勢が抑えられ、やわらかい実を収穫できる。枠の中心には草姿が立派なズッキーニをシンボル的に配置。見た目にもメリハリがつく。水分を好むバジルと水分をしぼることで糖度が高まるトマトは相性がよく、近くに植えることで互いの生育環境がよくなる。

9月

トマト、パプリカ、オクラの後作に花野菜のブロッコリーとカリフラワーを栽培。茎ブロッコリーは長く伸びる側枝を食用にする。芽キャベツは茎から発生するわき芽が結球して小さなキャベツのような球が50個ほどつくユニークな野菜。スイスチャードやナバナ、コウサイタイの鮮やかな茎葉が秋の菜園を明るく彩る。

11月の様子。ニラやチャイブは冬になると地上部が枯れるが、来年また新しい葉が生えてくる

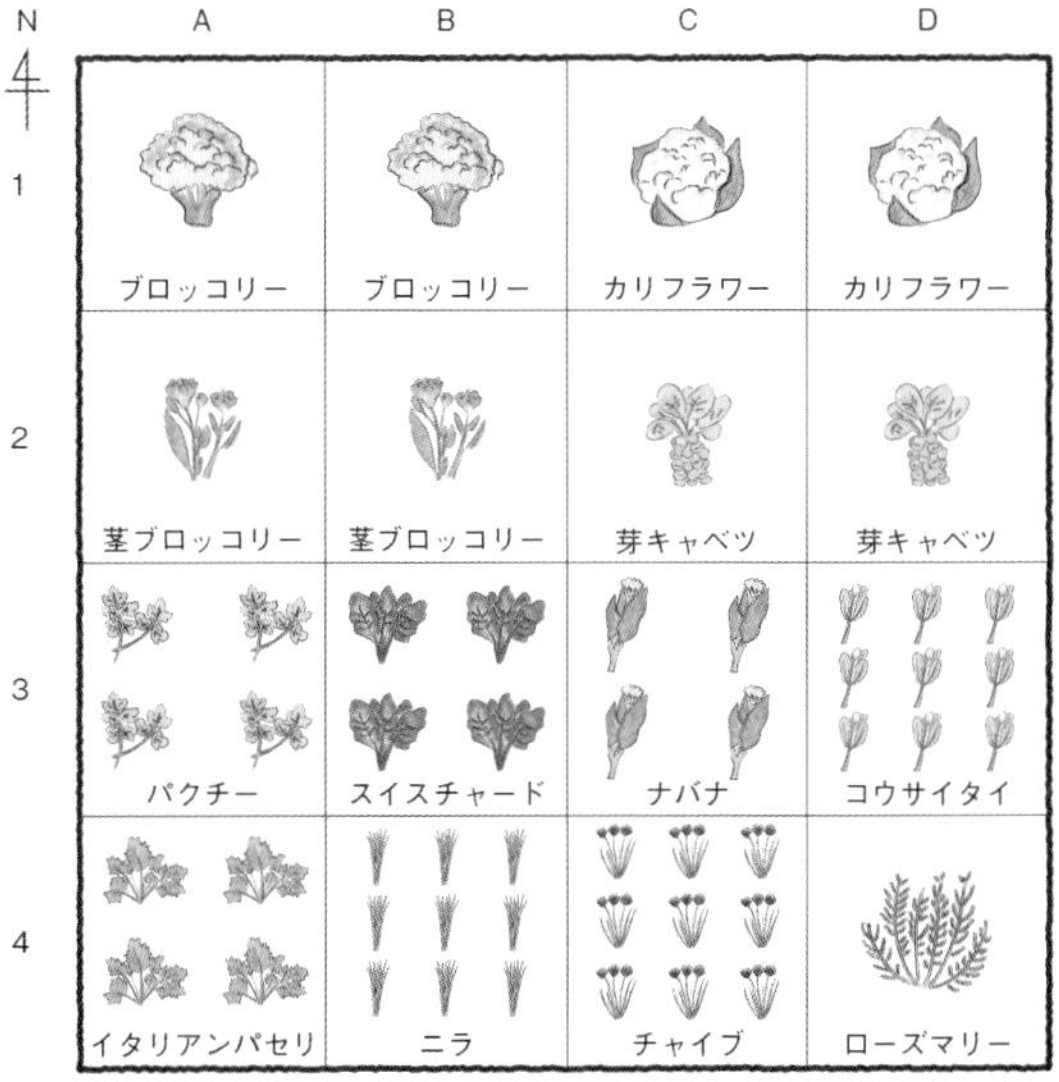

ミニ菜園にあると便利な7つ道具

ミニ菜園で使う道具は少ない。最初の土づくりを除けば鍬を使って畑を耕す必要さえないのだ。最低限、ここで紹介する道具があれば、土づくりから収穫まで困ることなく野菜づくりができる。

草刈り鎌

刃の形状や大きさ、厚み、柄の長さがいろいろあるが、スタンダードな三日月形の鎌が使いやすい。切れ味のいい薄刃がミニ菜園向き。生え始めの小さな草にはねじり鎌や草削りが向く。

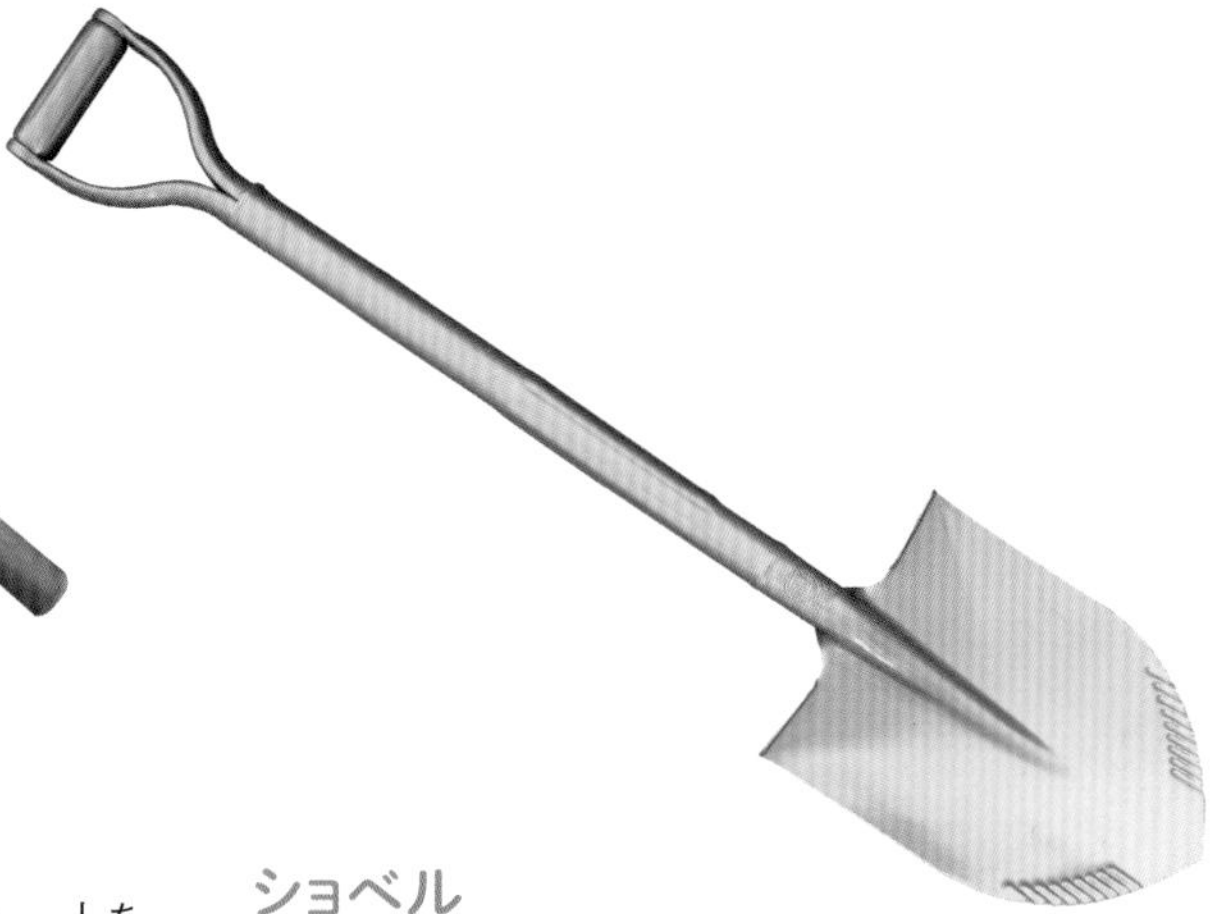

ショベル

さじの先端がとがった土ささりのよい剣先スコップをよく使う。最初の土づくりのほか、イモの収穫や土をすくって運んだりするときにも活躍する。

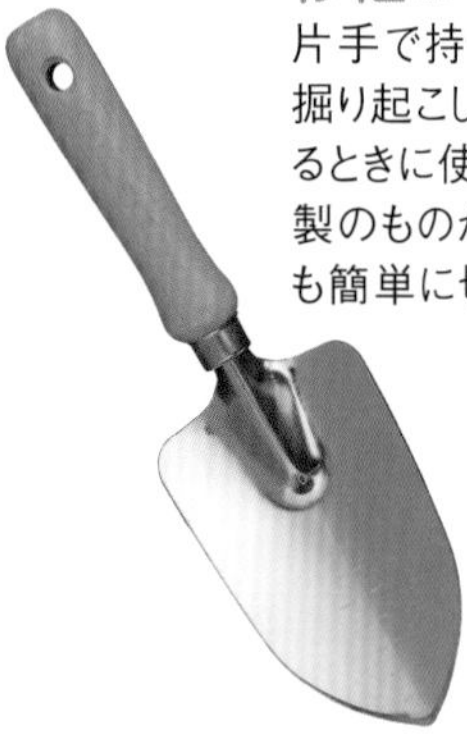

移植ごて

片手で持つ小型のショベル。土を掘り起こしたり、植え穴をあけたりするときに使う。先端に刃がついた鋼製のものがよい。土ささりがよく、根も簡単に切れる。

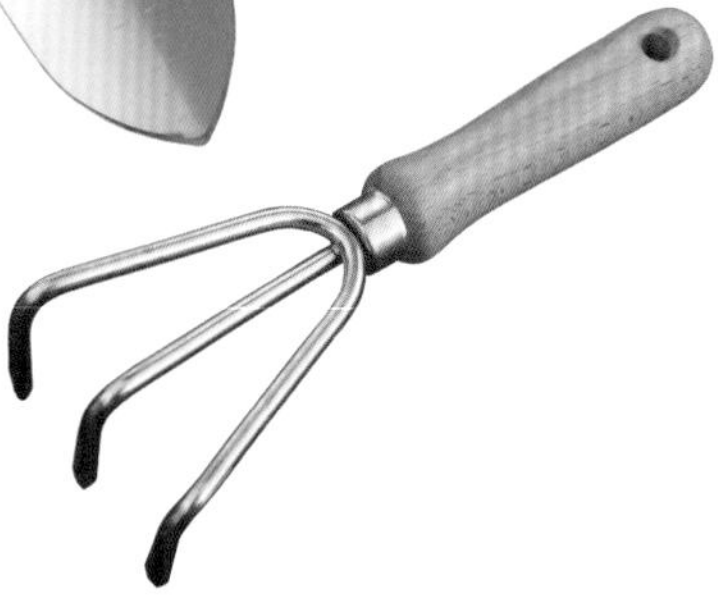

ミニ熊手

狭い範囲の土を耕すときに使う。生え始めたばかりの草は熊手で引っかいて土に混ぜ込めば簡単に取り除ける。

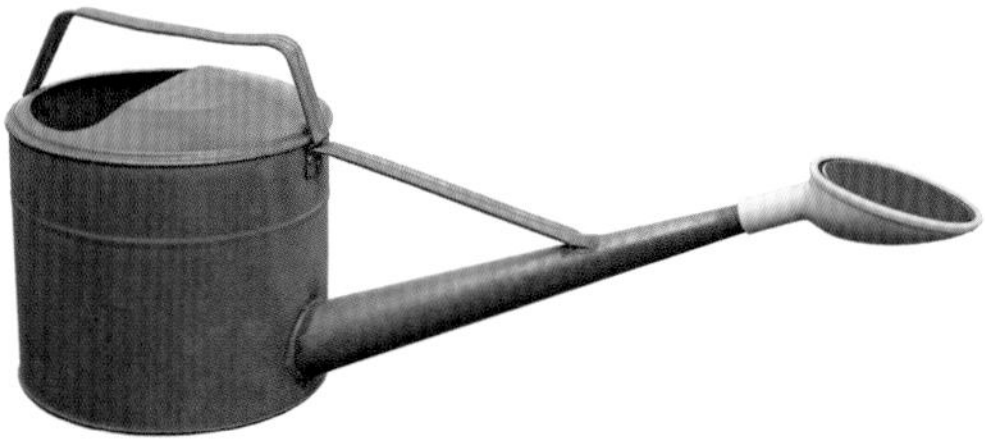

ジョウロ

素材やデザインがいろいろあるが、使い勝手にあまり差はないので気に入ったものを選べばよい。乾燥した夏の水やりでは、1マスに2〜3ℓ使うので、容量は5ℓ以上あるとよい。

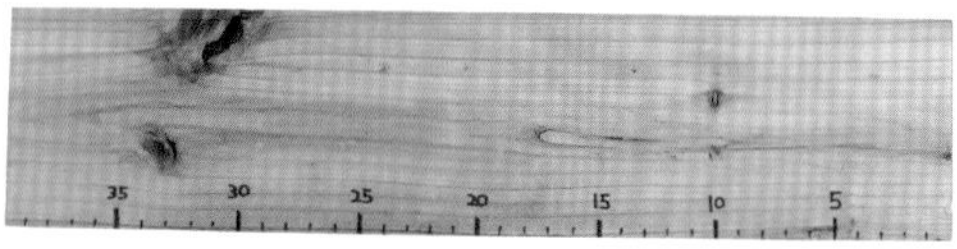

板

マスの土をならしたり、種まき後に鎮圧をしたりするのに厚さ9〜12mm、幅9〜15cm、長さ40〜45cmの板が便利。縦にして土に押しつければすじまきの溝がつくれ、目盛りを描いておけば条間や株間も測れる。

収穫バサミ

収穫や整枝、誘引用のひもを切るなど、なにかと出番は多い。先端が細い植木バサミが万能。半月形の大きな刃がついた剪定バサミなら太い枝も軽い力で切れる。

第三章

一坪ミニ菜園の育てワザ

野菜の性質を決める 品種のちがい

野菜の味や形、育て方、難易度は品種で異なる

トマトは、果実の大きさによって大玉、中玉、ミニがあり、キャベツは栽培時期のちがいで春キャベツや冬キャベツがある。同じトマトでも、大玉とミニは味も形も性質も異なり、春と冬のキャベツも同じものではない。そのちがいを区別するのが品種だ。

品種は、特定の能力を発揮できるように選抜され、遺伝的に改良、または固定された植物の性質で、市場に並んでいる種や苗はすべて品種で分けられている。味や形、大きさはもとより、育て方や栽培難易度も品種によって異なるので、野菜を上手に作るには品種選びはとても重要なのだ。農家の間では、昔から**「品種に勝る技術なし」**といわれているくらいである。

では、具体的にどんな品種を選べばよいかというと、土地の環境や気候、その人の栽培スタイル、求めている味や収量などにもよるので一概にはいえないが、**草姿がコンパクト**なほうが小スペースでの栽培には向いている。また、**耐病性があり生育旺盛**な品種なら失敗が少ないし、**栽培期間が短ければ病害のリスクが減り**、いろいろな野菜を栽培できる。こうした品種の情報は種袋や苗のラベルに書いてあるので参考にするとよい。

ちなみに品種には大きく分けて固定種と交配種（F1品種）がある。固定種というのは、長年の自然淘汰や人の手による選抜で特定の個性が固定された品種だ。種を採種してまけば、ある程度同じ性質のものができる。一方、交配種は性質の異なる親をかけ合わせてできる雑種第一世代で、生育や形態、収量に高い均一性があり、耐病性を持つなど栽培作物として管理しやすく作られている。ただし、遺伝的に固定されていないため、特定の性質を持つのは一代限りで、種を採種しても二代目以降が同じ性質を受け継ぐとは限らない。交配種は、種袋に「○○交配」「一代交配○○」などの表示がある。固定種には、基本的にそういった表示はないが、「★★育成」などと書いてあるものは、★★社が種を選抜した固定種だ。

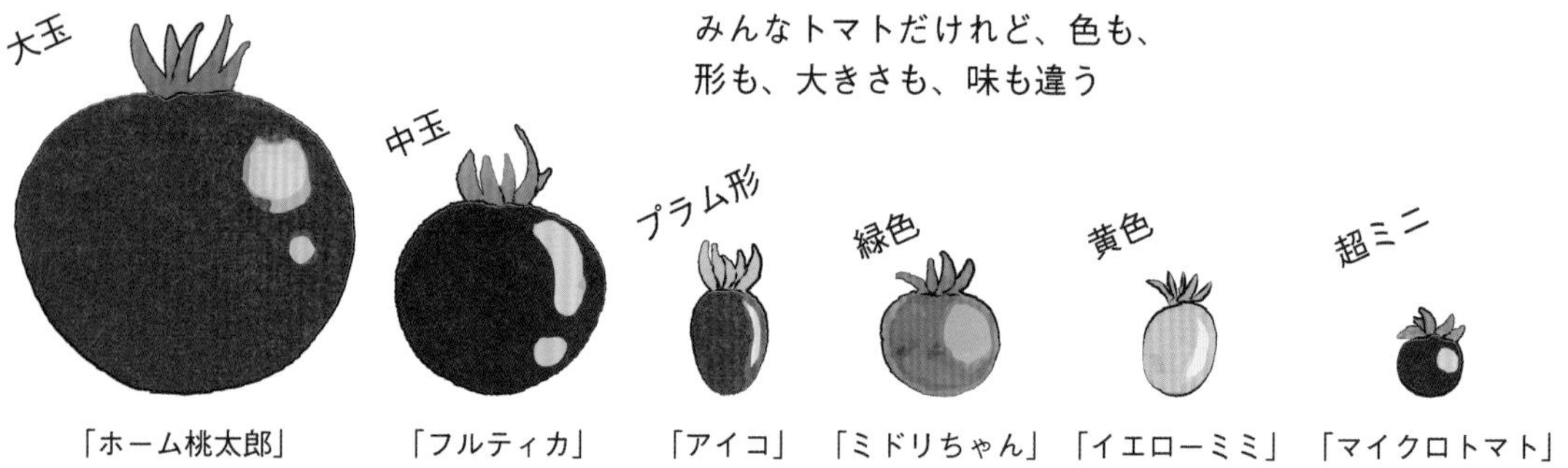

ミニ菜園の品種選び4つのポイント

Point1 育てやすさ

同じ野菜でも品種によって難易度が異なる。一般的には固定種より均一性の高い交配種のほうが育てやすく、収量も安定している。強健で特定の病害に耐病性があれば失敗も少ない。種袋にはそういった作りやすさの情報も書いてあるので参考にするとよい。一方、固定種の中には昔からその土地で種を継いで栽培されてきた在来種があり、環境に合ったものは育てやすい。

難しい　簡単

とても甘いが、病気に弱い

耐病性があり、生育旺盛

Point2 栽培時期

キャベツやダイコン、ニンジン、ホウレンソウなどは品種によって春まき、夏まき、秋まきがあり、それぞれ適した時期じゃないとうまく育たない。春まきの品種は生育後半になるに従い気温が上がってくるため耐暑性に優れ、秋まきは気温の低下にともない生育が緩慢になるので、ゆっくり育つ作型になっている。栽培時期は種袋に書いてあるので、適した品種を選ぶ。

春まき。暑さに強く、トウ立ちしにくい

秋まき。寒さに強くゆっくり育つ

Point3 生育サイズ

スペースの限られたミニ菜園では、草姿がなるべくコンパクトに育つ品種を選ぶとよい。キュウリ、ハクサイ、ダイコン、チンゲンサイ、キャベツ、ニンジンなどは、一般的な収穫サイズよりひと回り小さく育つミニ品種があり、ミニ菜園に向いている。普通サイズなら1マス1株のところを2株以上栽培できる。ミニ品種は栽培期間が短いので、次の野菜に移行するのもスムーズ。

ミニハクサイは４株　普通のハクサイは１株

Point4 早晩性

タマネギやトウモロコシ、エダマメなどは同じ作物でも品種によって種まきから収穫までの生育期間が異なり、早いものから早生、中生、晩生と分類される。早生は、早い時期から種まきができ、生育期間も短いので、限られたスペースで次々に作物を栽培したいミニ菜園では使い勝手がいい。一方で晩生はゆっくり時間をかけて大きく育つ。早晩性を利用すれば、時期をずらして同じ野菜を連続して栽培することも可能だ。

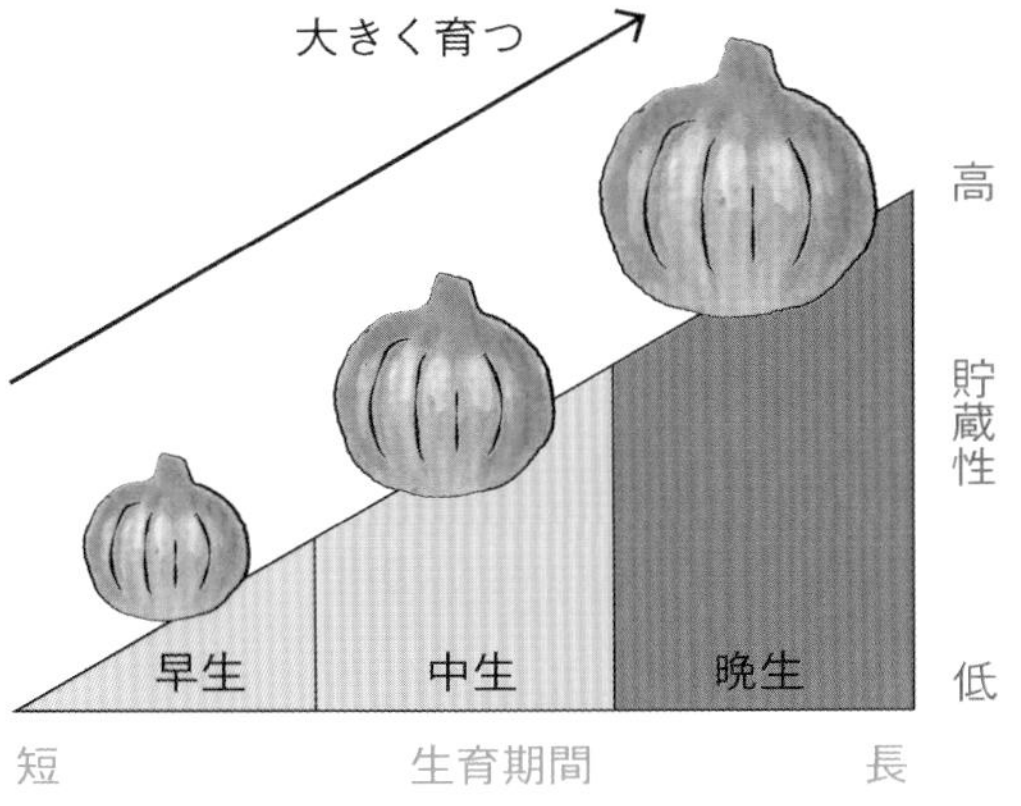

育てやすい品種を選び、まきどきを守る

種の選び方とまき方

品種の特長や育て方など種袋には情報がいっぱい

ホームセンターの園芸コーナーには、四角い袋に入ったいろいろな野菜の種が並んでいる。袋の大きさは95×155㎜くらいで、ハガキとほぼ同じ。表と裏にはその野菜の特長や栽培の基本情報が載っている。

トマトひとつにしても、たくさんの品種があるのは先述した通り。その中でどれを選ぶか**迷ったときに参考になるのが種袋の情報**なのだ。そこには次のようなことが書いてある。

①商品名、または品種名…「おいしい○○」などは、たいてい商品名で、どこかに小さく品種名が書いてある。**交配品種の場合、「○○交配」などの記述がある。**

②特長…早晩性、育てやすさ、耐病性、株の大きさ、味など。品種選びの決め手になる情報。

③栽培方法…種のまき方から収穫までのポイントが簡単にまとめられている。最低限の情報。

④作型…寒冷地、一般地（中間地、温暖地）、暖地で、それぞれ種まきや収穫の時期が記されている。発芽までの日数や発芽適温、生育適温なども。

⑤その他の情報…種の生産地、有効期限、発芽率、内容量、薬剤使用の有無など。

中でも重要なのが④の作型で、**適期を外してしまうと気温や日照時間の関係で、種をまいてもうまく育たない。**

1つの種袋には果菜類であれば10粒前後、アブラナ科やキク科の葉物は200粒もの種が入っており、価格は200～400円程度。1シーズンのミニ菜園では使いきれない量なので、余った種は次のシーズンのために取っておくとよい。種は高温と湿気が苦手なので、保存するときは袋の口を閉じて、**乾燥剤を入れた容器にまとめて、冷暗所または冷蔵庫に入れておく**と劣化を抑えられる。

発芽率は年々低下していくが、きちんとした環境で保存すれば、数年は十分使うことができる。

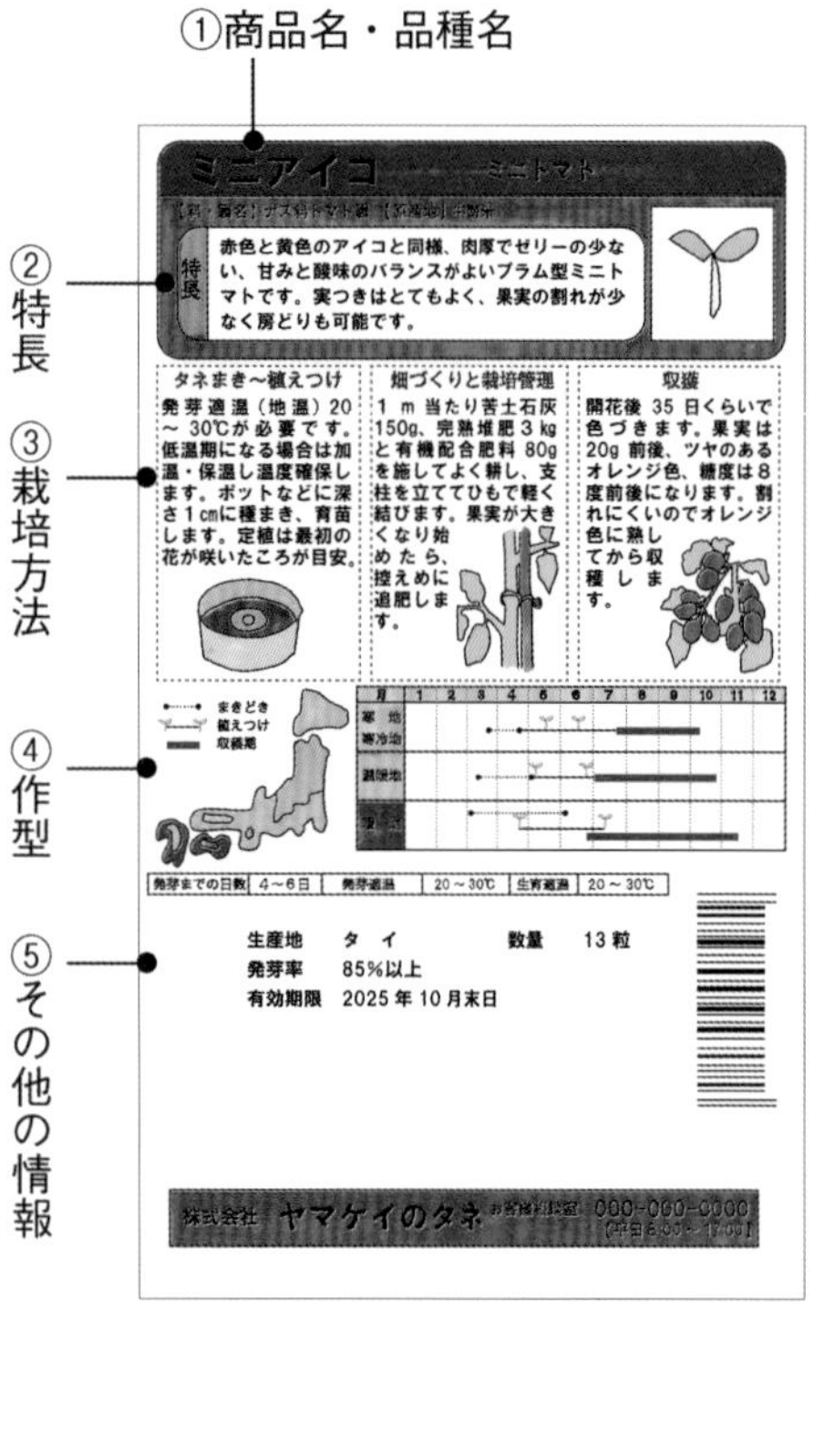

確実に発芽させる種まきのポイント

Point 1
適期にまく

野菜の生育は気温や日照が影響する。種袋に書いてあるまきどきを守ることで、きちんと育つ。ホウレンソウやダイコンなどは、品種によって春まき用、夏まき用、秋まき用があるので、栽培時期に適した品種を選ぶこと。

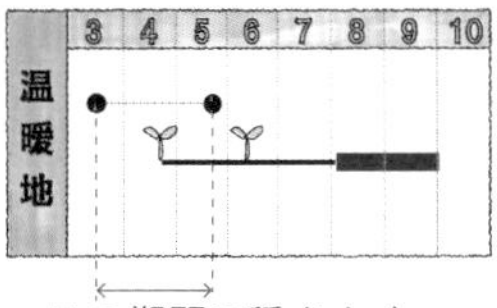

この期間に種をまく。
早くても、遅くてもダメ

Point 2
土と密着させる

種をまくときは地面を平らにならし、覆土後、手のひらや板で軽く押さえる。種と周りの土を密着させることで種が土壌の水分を吸収しやすくなり、発芽が促される。

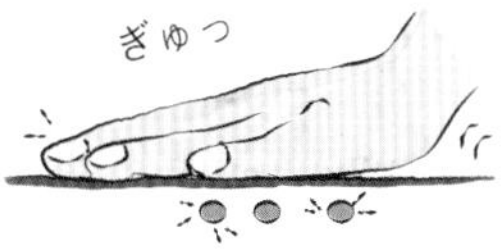

Point 3
乾燥を防ぐ

種は一定量の水分を吸収することで発芽のスイッチが入り、温度や光などの条件が整うと発芽する。発芽の途中で水分が不足すると種が死んでしまうので、根づくまで乾燥しないように必要に応じて水をやる。

Point 4
覆土は5mm～1cmで均一に

種には発芽に光を必要とする好光性種子と光を必要としない嫌光性種子がある。前者は覆土が厚いと発芽しにくくなる。覆土はいずれも5mm～1cmが目安。発芽をそろえるためにも、土の厚さは均一にすること。

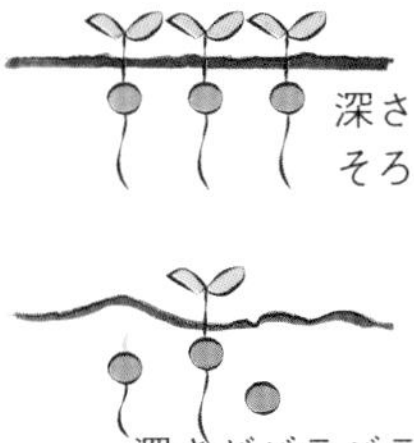
深さを
そろえる
深さがバラバラだと
発芽がそろわない

種まきの手順

点まき

1か所、または一定間隔に穴をあけて数粒の種をまく方法。点まきするのはマメ類、ダイコン、オクラ、トウモロコシなど。

❶地面に指や缶の底を押し付けて深さ5mm～1cm程度の穴をあける（くぼみをつくる）。

❷穴の中に、種が重ならないように気をつけて2～5粒をまく。

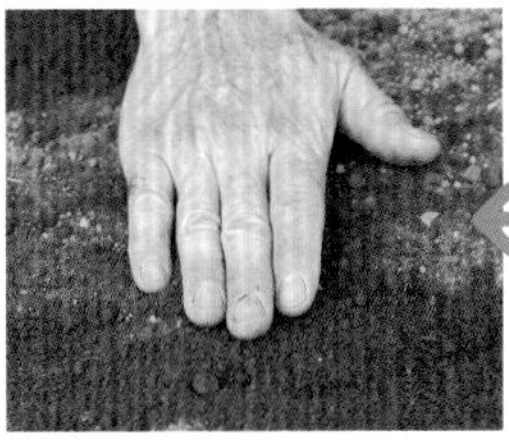

❸土をかぶせて、手のひらで鎮圧する。土が乾燥している場合は水をやる。

すじまき

深さ5mm～1cmの溝を切って、1cm程度の間隔で種をまく方法。すじまきするのはアブラナ科の葉物、小型の根菜、ニンジンなど。

❶地面を平らにならし、棒や板を押し付けて深さ5mm～1cmのまっすぐな溝をつくる。

❷溝に1～2cmの間隔で種をまく。種が小さな場合は慎重に。

❸溝の周りの土を親指と人指し指でつまむようにして覆土し、鎮圧する。

野菜づくりの半分は苗で決まる

苗の選び方と植えつけ方

植えつけに適した苗を手に入れる

家庭菜園では、種をまいて育てる野菜と苗を入手したほうが育てやすい野菜がある。**ダイコンやニンジンやカブなどの根菜は、移植ができないので種をまいて育てる。**コマツナやチンゲンサイなど小型の葉物も一般的には種をまく。店によって苗を扱っていたりもするが、種をまいて間引きながら育てるほうが、楽しみがある。

一方でトマトやナス、キュウリなど、**夏の果菜類は苗を入手して植えつける。**種から育てようと思うと、気温が低い春先にビニールハウスなどの保温施設で育苗しなくてはいけないからだ。そもそもミニ菜園では栽培できる数量が限られるし、ナスやキュウリは1株から何個も収穫できるので、家庭で消費するだけなら種をまいてたくさん育てる必要がない。トウモロコシやエダマメやオクラは、種からでも容易に育てられるが、苗も手に入る。どちらから始めてもいいが、少量しか栽培しないのであれば苗のほうが効率的だ。

「苗半作」という言葉がある。**苗の良し悪しで作柄の半分は決まる**ということだ。だから、野菜を苗から育てる場合、いい苗を選ぶことがとても重要だ。いい苗の見分け方は左のページを参考に。もしも訪れた店に理想的な苗がなかったら、多少手間がかかっても別の店に足を運んだほうがいい。売れ残りの苗が、割り引かれて安くなっていることがあるが、徒長して葉色も悪く、植えつけたところでその後の生育や収穫は期待できない。失敗をしないためにも、そうした苗は避けたほうがよい。

また、たいていの店では植えつけに適した時期よりかなり前から苗を並べている。それを慌てて買わないこと。**適した時期に理想の成長段階に育った苗を手に入れる**ことが重要だ。そして苗を手に入れたら、数日のうちに植えつけること。そのまま置いておくと成長して苗が老化してしまうのだ。きちんと土づくりができた菜園に、健康に育った苗を適期に植えつければ、野菜づくりの半分はうまくいったようなものである。

自根苗と接ぎ木苗

苗には種からそのまま育てた自根苗と、病気に強いなどの特性を持った別の品種の根（台木）に、茎の部分（穂木）を接いだ接ぎ木苗がある。自根苗のほうが安価だが、接ぎ木苗は強健で育てやすく、収量も期待できるのでおすすめだ。

元気に育つ苗の選び方

キュウリの苗

ダメな苗

茎が細く徒長し、育ちすぎている。双葉が落ちて、葉の色も悪い。

成長の度合い

野菜にはそれぞれ植えつけに適した成長段階があるので、適切に成長した苗を選ぶ。若すぎても、育ちすぎていても、その後の生育に影響が出る。

葉の状態

葉の色、艶、形、大きさなどが、その野菜本来のものであること。黄色くなっていたり、病害虫の被害があったりするものは避ける。

株の姿、形

茎が細すぎないこと、節間が均等で徒長していないこと、子葉が残っていること、などを確認して形のよい苗を選ぶ。

根の状態

ポットの底の穴から根が飛び出していないこと。根鉢※1を取り出したとき簡単に崩れないこと。一方で根が巻きすぎている苗は老化している恐れがある。

※1　根鉢…苗を鉢から抜いたときに、根と土がからまった部分。

植えつけの手順とポイント

Point 1　根に水を含ませる

苗は植えつける1時間ほど前にたっぷり水をやり、根に十分水分を吸収させる。水を入れた容器に浸してもよい。

Point 2　根鉢を崩さないように取り出す

苗を取り出すときは株元の茎を人差し指と中指の間にはさみ、ポットを逆さにして根鉢を崩さぬようにやさしく行う。

Point 3　根鉢を地表とそろえる

根鉢と同じ深さの植え穴にそっと苗を置く。根鉢の表面を地表と同じ高さにし、浅植えや深植えにならないようにする。

Point 4　苗を安定させる

植え穴に苗を置いたら周りの土をすき間に詰めて、株元を両手で軽く押さえつけ、苗がぐらつかないように安定させる。

害虫や寒さから野菜を守る
防虫・防寒資材の使い方

素材による被覆資材の特徴

キャベツやブロッコリーは、害虫対策をしないとチョウや蛾の仲間が卵を産みつけて、孵化した幼虫に瞬く間に穴だらけにされてしまう。野菜にとって害虫といわれる虫たちは、地域にもよるが、3〜11月ごろまで代わる代わる活動を続けている。

薬剤を使えば害虫は簡単に防除できるが、無農薬の野菜づくりでは目の細かい虫よけ用のネットで被覆するのがもっとも手軽で効果的だ。

ミニ菜園の場合、害虫被害が多い**アブラナ科の野菜は同じ列に植えつけるとまとめて被覆しやすい。**作付けプランを紹介した33ページの9月の3・4列のようなレイアウトだ。苗を植えつけたらすぐに防虫ネットをトンネル掛けし、裾をピンで留めるか土に埋めるなどして風で飛ばされないようにすること。すき間をつくらないことで、基本的に虫の侵入は防げるが、植えつける前の苗に卵や小さな幼虫がついている場合もあるので、食害痕を見つけたら虫を探してすぐに捕殺するなどの対策をとる。

被覆資材は、冬の防寒にも活躍する。霜害や寒風を防ぎ、寒さを和らげることで気温の低い冬のあいだも野菜を育てられるし、早春に一足早く種をまける。

防寒を目的とした場合、**効果が高いのは透明なポリフィルムやビニールフィルムだ。**安価なのはポリフィルムだが、ビニールフィルムは伸縮性があり、やわらかくて扱いやすい。保温性も高い。フィルム資材も、防虫ネットと同じようにトンネル掛けで使用する。日中は太陽の光によって内部の空気や土が暖められ、夜間も温度が下がりにくいので、寒い時期の野菜の生育が促進する。一方で、春先は内部の温度が高くなりすぎないように換気するなどの注意が必要。

不織布は通気性があるため、フィルム資材ほどの保温性はないが、春先でも気温が上がりすぎる心配がなく、軽いので野菜に直接ベタ掛けできる。虫よけや種まき後の乾燥防止や霜よけなどにも役立つので使い勝手がいい。

防虫・防寒資材の特徴

資材	防寒	保温	防虫	時期	特徴
フィルム資材	◎	◎	×	11〜翌3月	冬の保温栽培に適する。換気口をあけると害虫は防げない。
防虫ネット	△	×	◎	3〜10月	害虫の侵入を防げる。通気性が高く蒸れない。
不織布	○	○	○	9〜翌4月	支柱を用いず野菜に直接掛けられる。

ミニ菜園のベタ掛け法とトンネル法

ベタ掛け

支柱を使わずにやわらかい不織布を直接野菜の上にかぶせる方法。草丈の低い葉物や根菜に効果的。日中は太陽光により不織布の下の空気や土が暖められて温度が上昇する。夜間の保温効果は低い。防虫、防霜にもなり、地表を覆うことで乾燥も抑えられる。

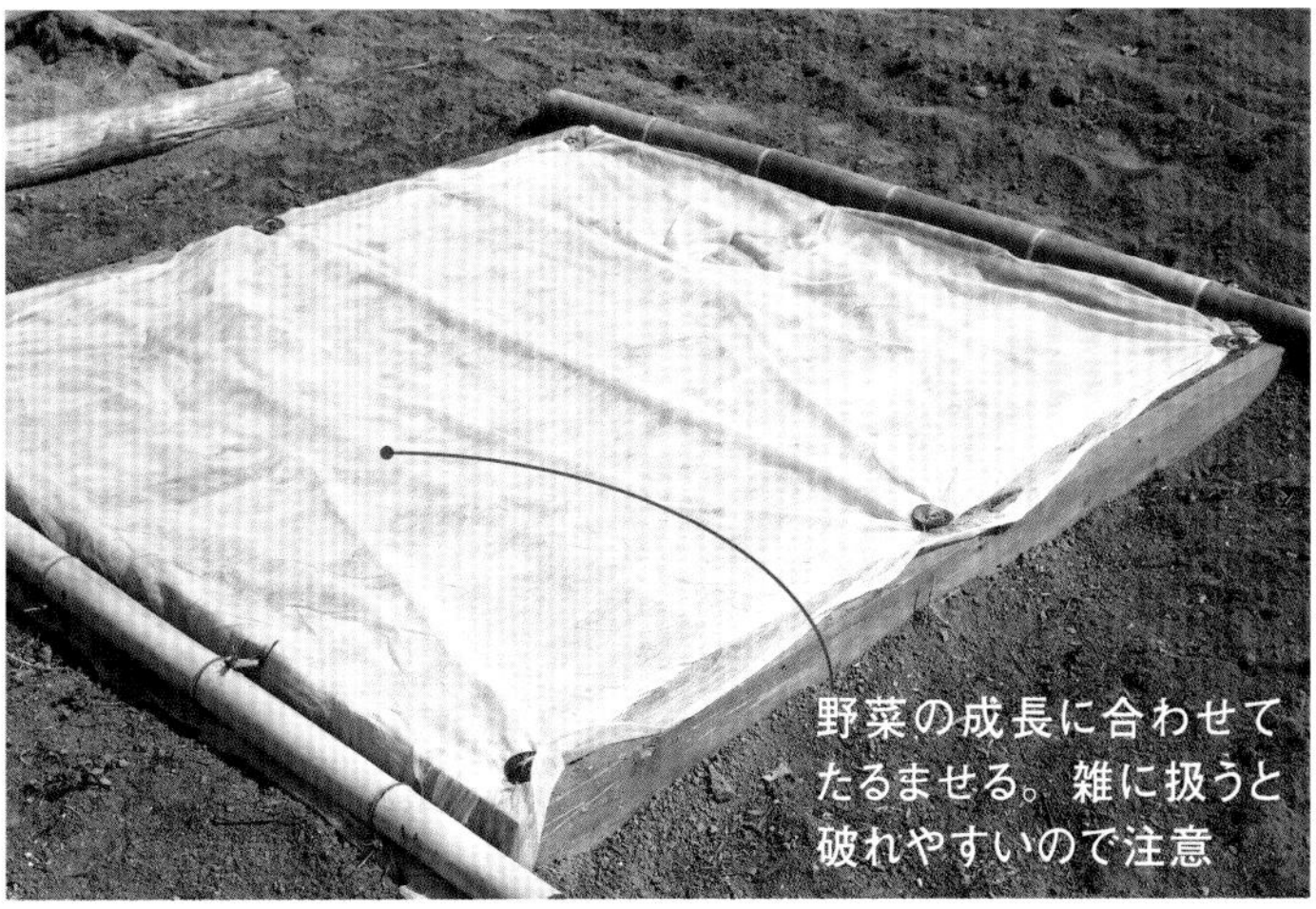
野菜の成長に合わせてたるませる。雑に扱うと破れやすいので注意

トンネル

アーチ型の支柱や湾曲するグラスファイバー製のポールに被覆資材をかぶせる方法。成長した野菜の大きさを考えてトンネルの高さを決める。ミニ菜園の場合、1列、または2列をまとめてトンネル掛けするとよい。フィルム資材で保温する場合、春先の温度上昇に注意。

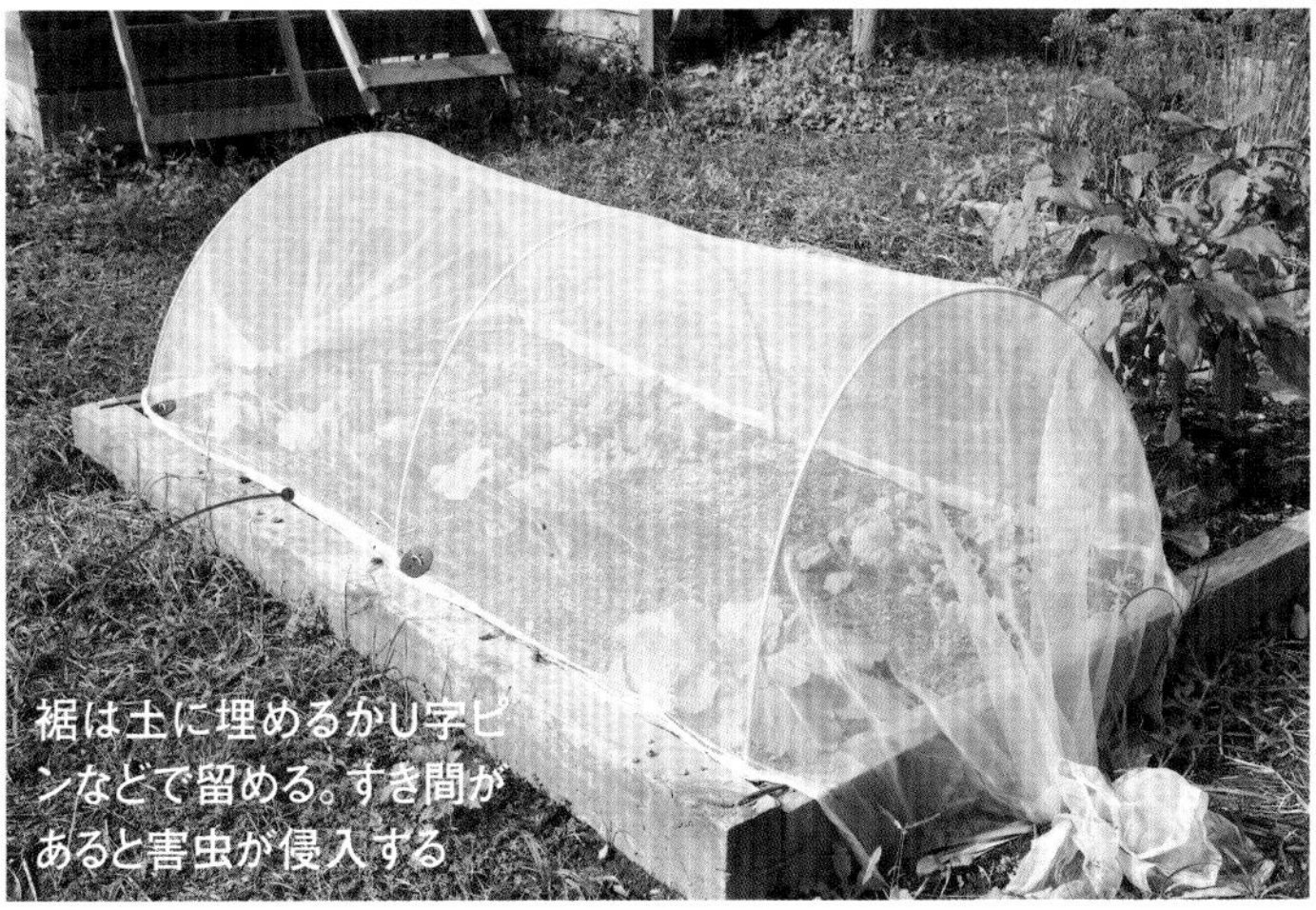
裾は土に埋めるかU字ピンなどで留める。すき間があると害虫が侵入する

1マスで便利に使える防虫・防寒資材

1マス用ネット

木材で組んだ枠に、ネットを張った自作の防虫資材。キャベツやブロッコリーなどを1マスで栽培する際に便利。2マス用、3マス用など、使い方に合わせたサイズで作るとよい。

あんどん

苗の周りに3本、または4本の短い竹や支柱を立てて、底を抜いた袋をかぶせた保温法。主に果菜類の苗の防寒、防虫に使用する。筒状なので温度が上がりすぎる心配が少ない。

苗キャップ

透明なプラスチック製の苗カバー。防寒効果は高いが、太陽の光で地面が暖められると中の温度が上昇しやすいので注意すること。日中の気温が上がりそうなときは換気する。

わら、籾殻、草などで地表を覆う
有機物利用のマルチング

雑草を抑え、乾燥や病気を防ぐ

土壌の表面をなんらかの資材で覆うことをマルチング（以下、マルチ）という。マルチには次のような効果がある。

①雑草を抑える。**光を透しにくい資材で地面を覆うことで、雑草が発芽しにくくなる。**仮に発芽しても十分な光がないと光合成ができないので雑草は育ちにくい。夏の除草が、グッと楽になる。

②土壌の水分や温度を調整する。とくに気温の高い夏は、**地表の水分蒸発が抑えられ、乾燥が防げる。**サトイモやショウガなど乾燥が苦手な野菜や、水分要求量の多いキュウリやナスの株元を覆ってやると、はっきりと育ちがよくなる。また、太陽の熱が直接地表に当たらないので高温期は地温の過度な上昇が抑えられ、一方、冬は霜よけや保温になり、生育が安定する。

③病害の予防。作物に発生する病気は土壌中の病原菌※1によるものが少なくない。雨ではね返った土によって病原菌が作物に付着して発病したりする。マルチで地表を覆ってやると土がはね返りにくくなるので、**病気にかかるリスクが低減**する。雨のあと、水を含んだ土が締まってかたくなるのも抑えられる。

④土づくりや生物多様性の発達に役立つ。一般的な畑ではポリエチレン製の黒や透明のマルチフィルム※2でマルチをすることが多いが、ミニ菜園ではわらや籾殻などの有機物を活用する。落ち葉や刈り取った雑草、収穫したあとの野菜の残渣も利用できる。有機物マルチの利点は、地表と接する部分がいつも適度に湿った状態になり、ミミズなどの小動物や土壌微生物にとって格好の生息環境ができること。有機物は微生物のエサになり、徐々に分解されていくことで、地表には腐葉土のようなやわらかい土の層ができる。土壌の**団粒構造も発達**し、どんどん土が豊かになっていくのだ。有機物マルチは**生態系にも多様性を生む。**クモなど害虫の天敵（益虫）のすみかにもなり、害虫の被害や特定の病原菌が増えるのを防ぐ効果も期待できる。

ナスの株元をわらでマルチング。土壌の水分蒸発が抑えられ、雑草も生えにくくなる

※1　**土壌中の病原菌**…多様な病害があるが、代表的なものでは疫病（トマトやウリ科の野菜）、つる枯病（ウリ科の野菜）、つる割病（キュウリ、メロン）、萎凋病（トマトなど）、青枯病（トマト、ナスなど）。土壌中の病原菌による病害は、発生すると治療する手立てがほとんどないため予防に努めることが大切。

※2　**マルチフィルム**…黒色は雑草抑制効果と保温効果がある。透明は地温上昇効果が高い。ほかにも光の反射でアブラムシなどを忌避するシルバーマルチや、夏場の地温抑制に効果的な白マルチなどがある。

ミニ菜園に適したマルチングの材料

わら

稲わらや麦わらなど。敷き方が薄いとすき間から地面に光が当たり、雑草が生えてくるので厚く敷く。わらや籾殻は農家に相談すると譲ってもらえることが多いが、家庭菜園用の資材としてホームセンターでも扱っている。

籾殻・くん炭

粒が細かいので地表をすき間なく覆える。分解しにくく、土にすき込むと通気性、排水性の改善にも効果的。籾殻を炭化させたくん炭もほぼ同じ効果があり、保湿性も有する。

草・落ち葉・残渣

水分の多い青草は分解が早いので、草を刈るごとに重ねて敷いてやるとよい。茎がかたいトウモロコシやナスなどの残渣は細かく刻んで使う。落ち葉は分解して堆肥化すると、土をふかふかにする土壌改良効果も期待できる。

有機物マルチの主な効果

病気の予防

雨による泥のはね返りが抑えられ、土壌中の病原菌が野菜の茎や葉に付着しにくくなる。

雑草を抑える

わらや籾殻を厚く敷いてやると地表への光が遮ぎられ、雑草が生えにくくなる。

野菜の保護

カボチャやズッキーニ、イチゴなどの実の下に敷いてやると、変色や傷みを防げる。

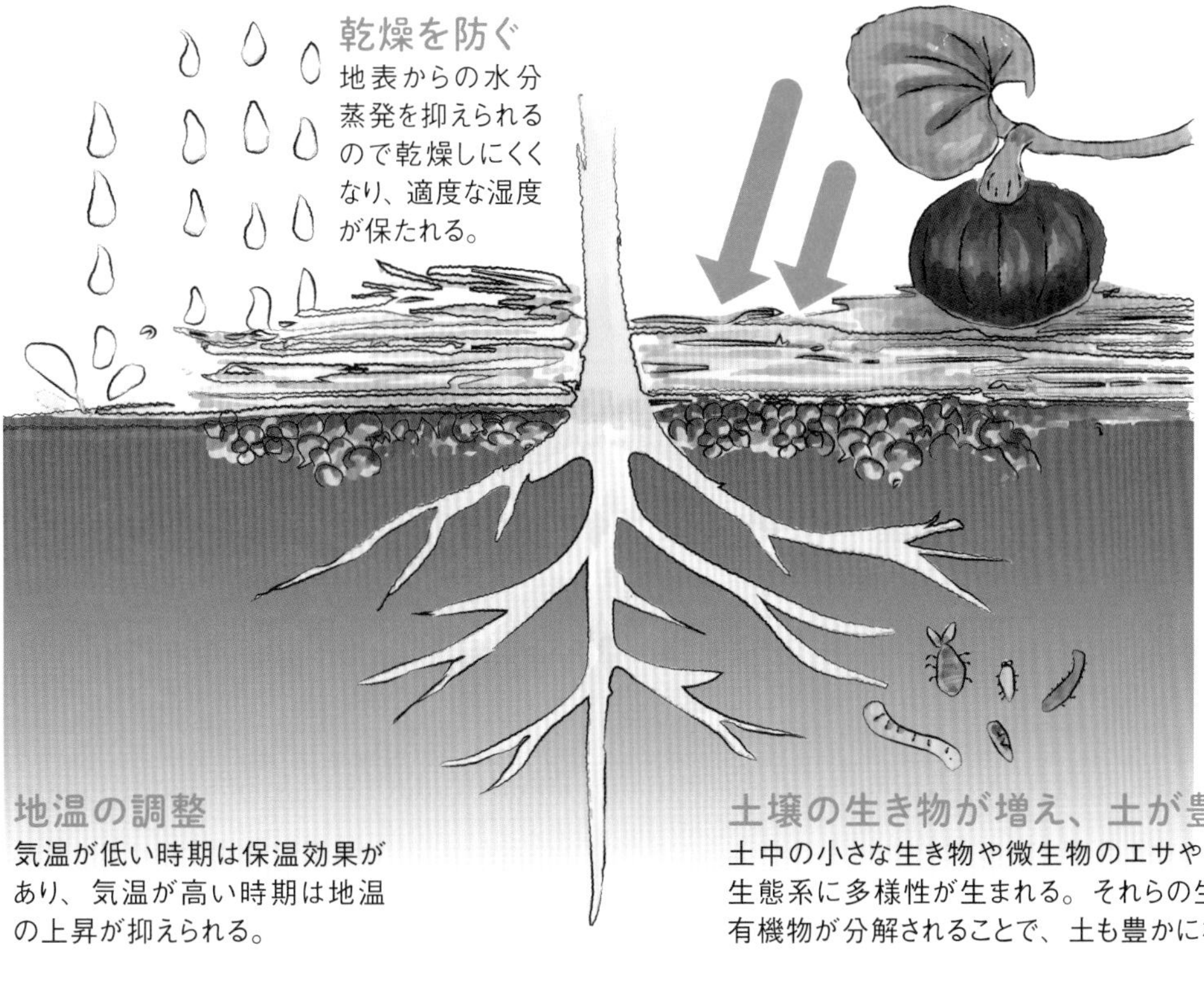

乾燥を防ぐ

地表からの水分蒸発を抑えられるので乾燥しにくくなり、適度な湿度が保たれる。

土をやわらかく保つ

雨が直接土を叩くのを防ぐことで、降雨後に土が締まってかたくなりにくい。

地温の調整

気温が低い時期は保温効果があり、気温が高い時期は地温の上昇が抑えられる。

土壌の生き物が増え、土が豊かになる

土中の小さな生き物や微生物のエサやすみかになり、生態系に多様性が生まれる。それらの生き物によって有機物が分解されることで、土も豊かになる。

夏野菜の仕立てに欠かせない
支柱の選び方、立て方

野菜に適した長さで丈夫な支柱を使う

トマトはもともと地面に枝葉をはわせて育つ植物で、成長すると自分で植物体を支えることができない。ナスやピーマンも実をつけると、その重さで倒伏してしまう。強健な野生種はそれでも育つが、家庭菜園でおいしい実をたくさんとろうと思ったら支柱を立てて植物体を支え、枝葉を整理してやらないと健康に育たない。風通しが悪くなり、茎葉が土に触れると病気や害虫の被害も出やすくなる。

茎やつるを支柱やネットに結びつける作業を「誘引」といい、実がよくつくように**枝葉を整理することを「仕立て」**という。

誘引に使う支柱はホームセンターで手に入る。直径15～20㎜くらいの細い竹や木の枝も支柱に利用できる。丈夫に組むなら専用の金具で連結できるビニールハウス用のパイプもおすすめだ。市販の支柱は、金属の棒を樹脂でコーティングしたもので、ひもを結んだときにずれにくいように表面に凹凸がついている。直径は8㎜、11㎜、16㎜、20㎜の4種類で、長さは60㎝から30㎝刻みで270㎝まである。ミニ菜園では、直径16㎜、または20㎜。長さは、地面に30㎝ほど差すことを考えて**トマトやキュウリには210㎝、ナスには180㎝、ピーマンには150㎝**が向いている。

支柱の立て方は、ミニ菜園の場合、たとえば1マスでトマトを育てるなら株のそばに垂直に立てるだけでOK。4本の支柱を円錐型に立てて、らせん状に茎を誘引する方法もある。ナスやピーマンはX字形に立てて、V字形に枝が広がるように仕立てる。作付けプランを紹介した39ページの5月のようにトマトを1列（4マス）で育てるときは1マスに1本ずつ立てた支柱の上を横支柱でつなげると安定する（直立型）。ネットなどを張ればキュウリやエンドウのつるを誘引するにもよい（フェンス型）。

ミニ菜園を囲むように支柱を立ててネットを張り、天井までつるが伸びるようにすれば、カボチャやスイカの立体栽培もできる（ケージ型）。

誘引は8の字で

誘引には、やわらかい麻ひもが使いやすい。結ぶときはひもが8の字になるようにして、野菜の茎が太く成長しても締めつけられないようにする。また、花房のすぐ下に結んでおくと重さをしっかりと支えられる。

いろいろな支柱の立て方

直立型

1マス1本の支柱を横支柱でつなぐ立て方。強度を高めたい場合は、斜めに筋交いを入れるとよい。トマトやキュウリを1列で栽培する場合などに向いている。

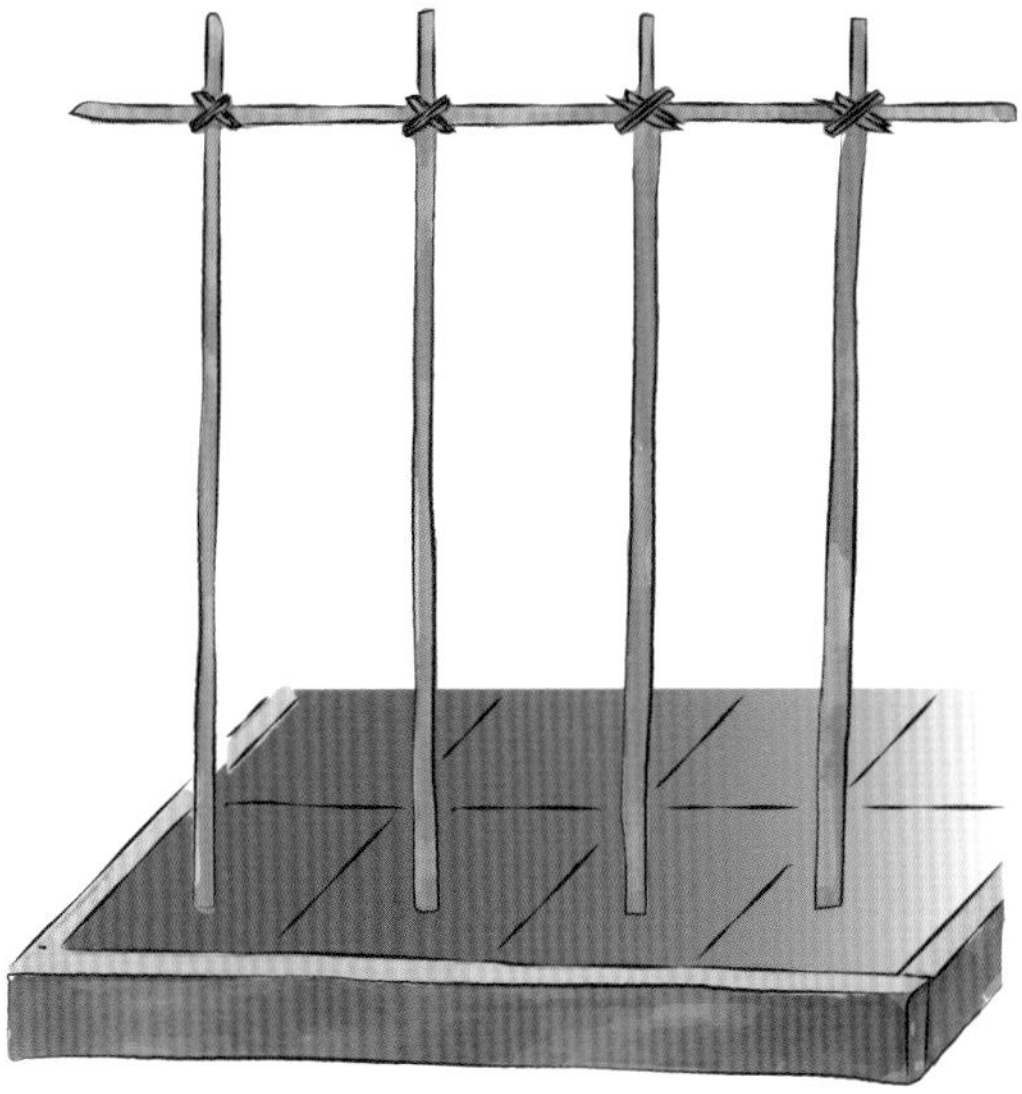

円錐型

マスの四隅に支柱を立てて上で束ねる。支柱を1本だけ立てるより安定感と強度に優れる。トマトの主枝やキュウリの親づるをらせん状に誘引することで、1本の支柱を垂直に立ててまっすぐ誘引するより長く伸ばせる。

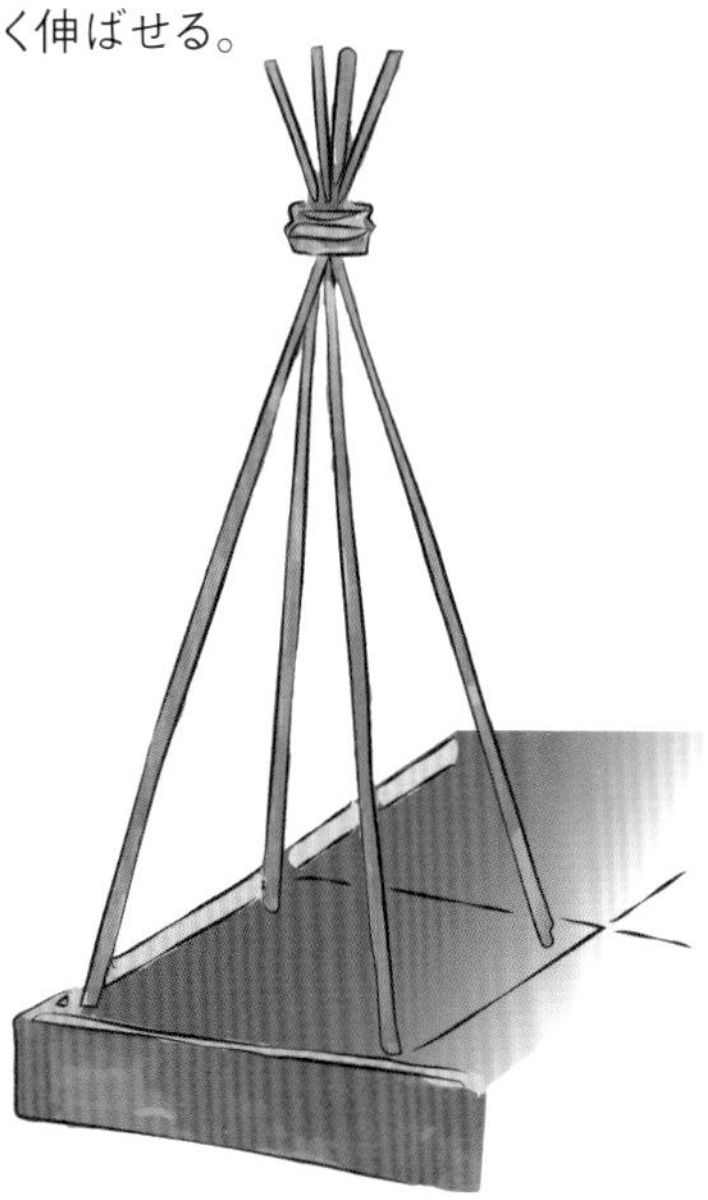

フェンス型

支柱や連結できるビニールハウス用のパイプでコの字形の枠を作り、ネットを張る方法。キュウリやエンドウなど、つるをからめながら成長する野菜に向く。

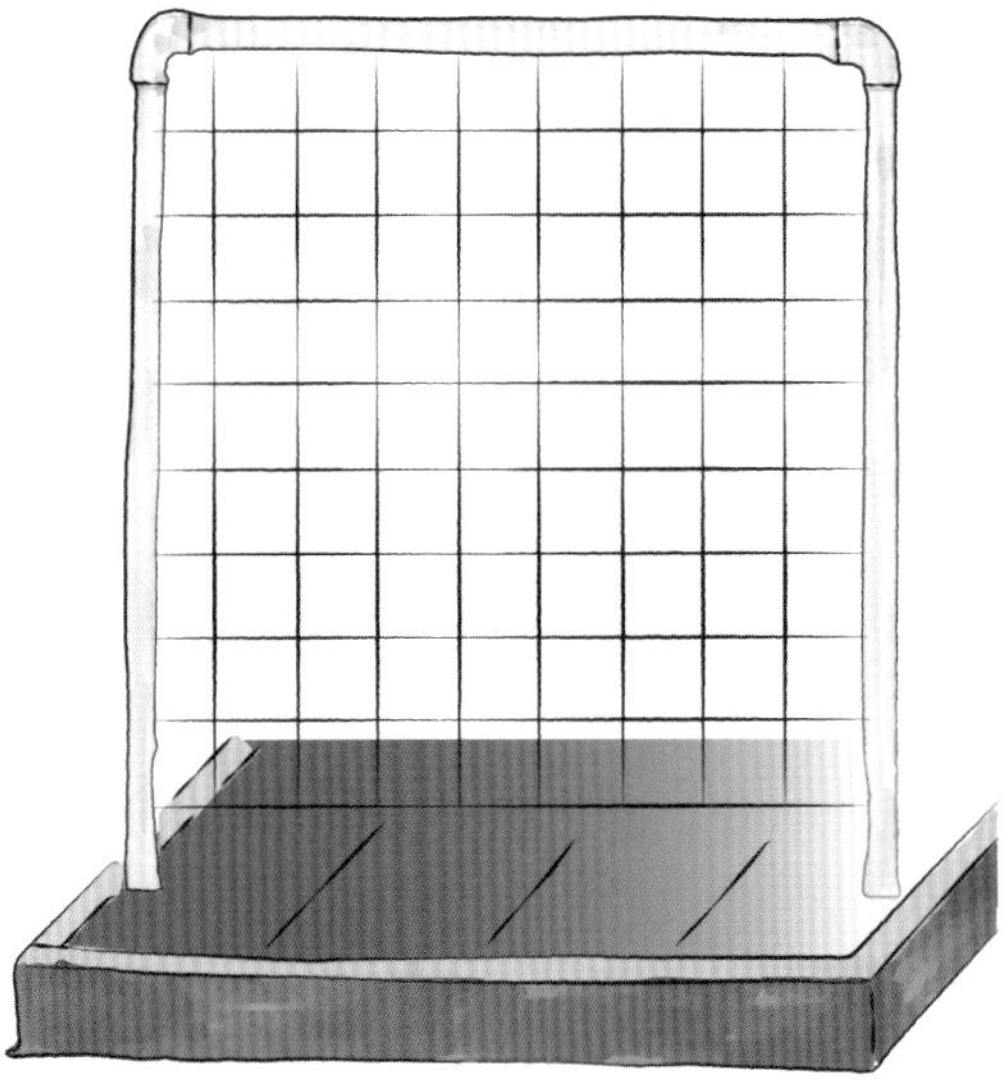

ケージ型

フェンス型のアレンジでミニ菜園の3面を囲むようにネットを張り、さらに金網やひもで天井を設けてつるを伸ばす。カボチャやスイカの立体栽培をするならこれ。

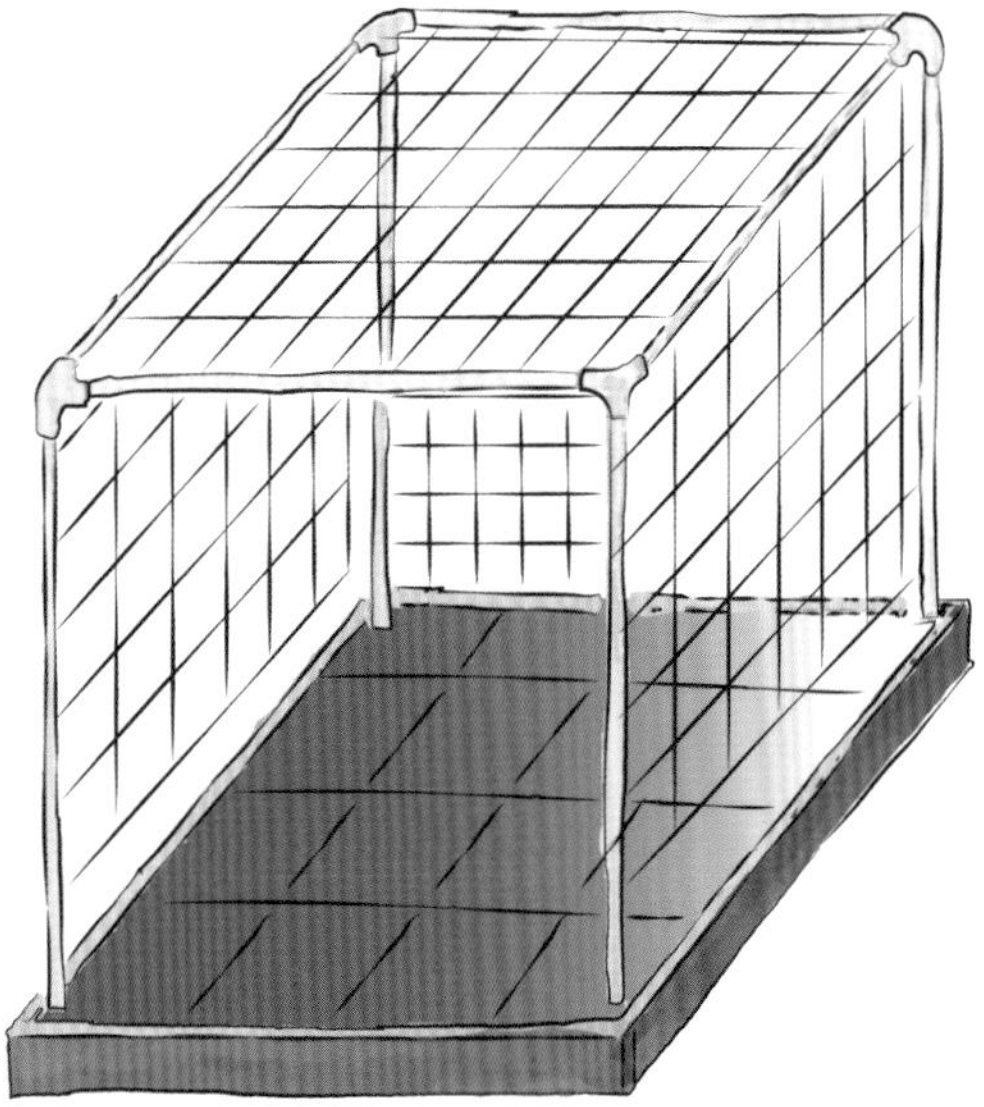

土壌の物理性、化学性、生物性を養う

土を元気にする堆肥

微生物が増えて ふかふかの土ができる

自然界では落ち葉や枯れ草、昆虫や動物の死骸など、すべての有機物は、微生物に分解されて土に還る。有機物の養分を含んだ土は、新たな植物を成長させ、それをエサとする生き物が育つ。そうやって養分が循環することで生き物が絶えることなく存在している。

しかし、畑は自然の森のようには循環しない。草を刈り、作物の実りを収穫し、残渣を持ち出してしまえば、土に還るものがなくなってしまう。すると土壌の微生物も少なくなり、野菜を育てる機能も衰えてしまう。そのため野菜を作り続けるためには、畑から持ち出した栄養分を補ってやらなくてはいけない。そのための資材が堆肥だ。

堆肥には大きく分けて植物由来のものと家畜ふん由来のものがある。植物由来の堆肥には、樹皮を主原料としたバーク堆肥や広葉樹の落ち葉を腐熟させた腐葉土（落ち葉堆肥）などがあり、栄養分は少ないが、繊維質が多く、土をふかふかにする効果が高い。

家畜ふん由来の堆肥は土をふかふかにする効果に加え、多少の肥料分も期待できる。牛ふん堆肥や馬ふん堆肥、豚ぷん堆肥などがあり、生態やエサで成分量が異なる。

畑に堆肥を入れると、野菜にとってよい土ができる。**物理性、化学性、生物性に優れる土だ。**

①**物理性**…堆肥の栄養分をエサとする微生物の活動によって土の**団粒構造が発達する。**水はけ、水もち、通気性が改善され、ふかふかの土ができる。

②**化学性**…鉱物成分※1や腐植質※2が増えることで、電気的に肥料成分を吸着する力が高まり、**保肥力が安定する。**

③**生物性**…堆肥の栄養分をエサにして**土壌中の微生物が増える。**有機物の分解がスムーズに進み、多様な微生物が拮抗することで病原性細菌の繁殖を抑える効果もある。

ミニ菜園では、**1年に1回、野菜が少なくなる冬のあいだに4㎡（2m×2m）当たり10～15kgを目安に堆肥を施用して**土をつくり直し、春の菜園シーズンに備える。

堆肥の効果

物理性、化学性、生物性のバランスが保たれて野菜がよく育つ土ができる。

※1　**鉱物成分**…二酸化ケイ素、酸化アルミニウム、酸化鉄など土壌に含まれる成分。
※2　**腐植質**…動植物が微生物によって分解されてできた物質。分解途中の有機物のかす。

コンポスト箱で自家製堆肥をつくる

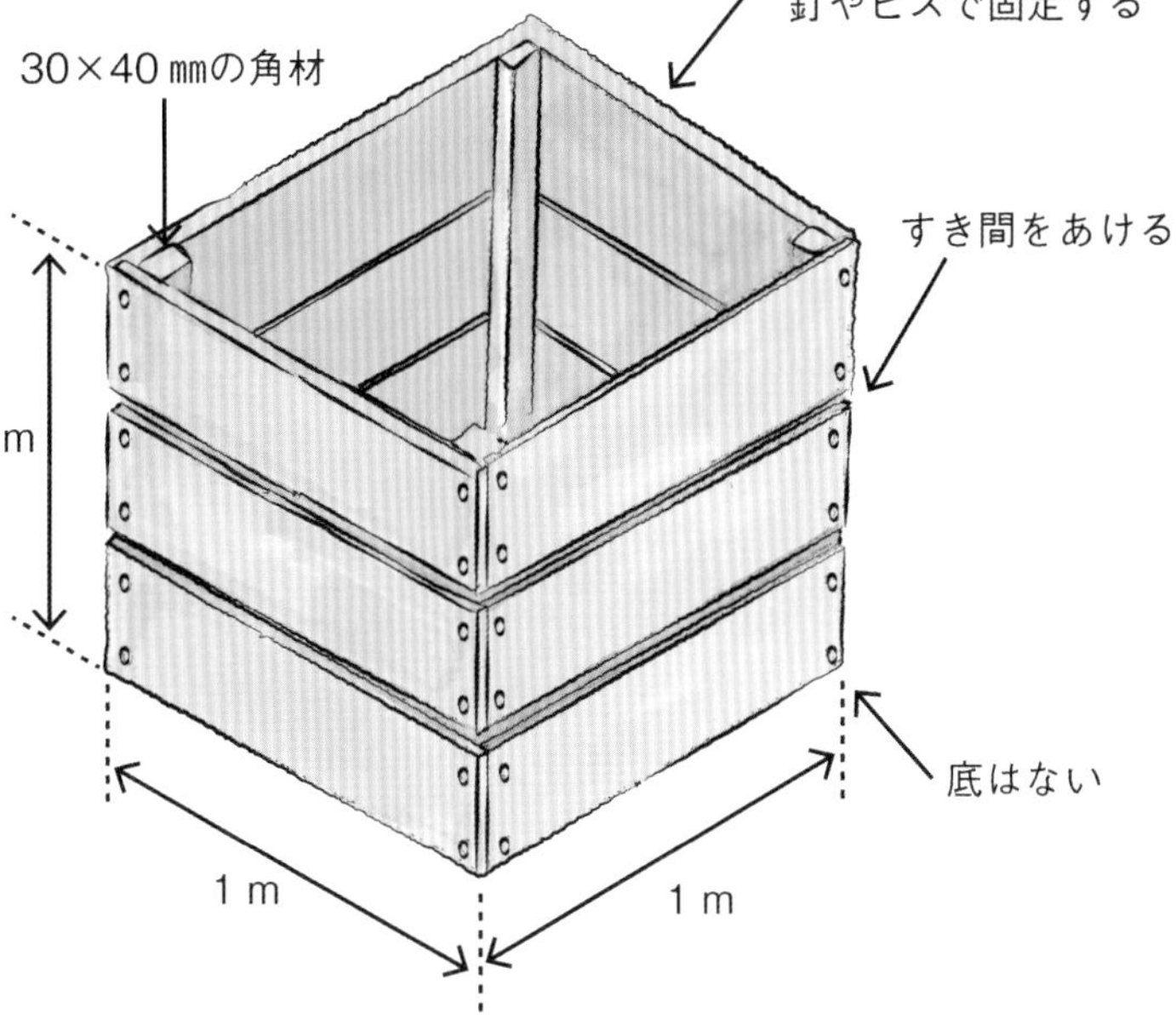
厚さ15㎜程度の板を
釘やビスで固定する
1m

堆肥は簡単に手づくりすることもできる。材料は落ち葉を中心にして枯れ草、野菜の残渣、家庭から出る生ゴミなどを混ぜ合わせる。

堆肥づくりにあると便利なのがコンポスト箱。図のような枠を木材で作るとよい。余計な水分が抜けるように底は設けず、地面にじか置きする。壁にはすき間を設けて通気性を確保。大きさは縦、横、高さがそれぞれ1mほどあるとミニ菜園1年分の堆肥がまかなえる。

落ち葉堆肥のつくり方

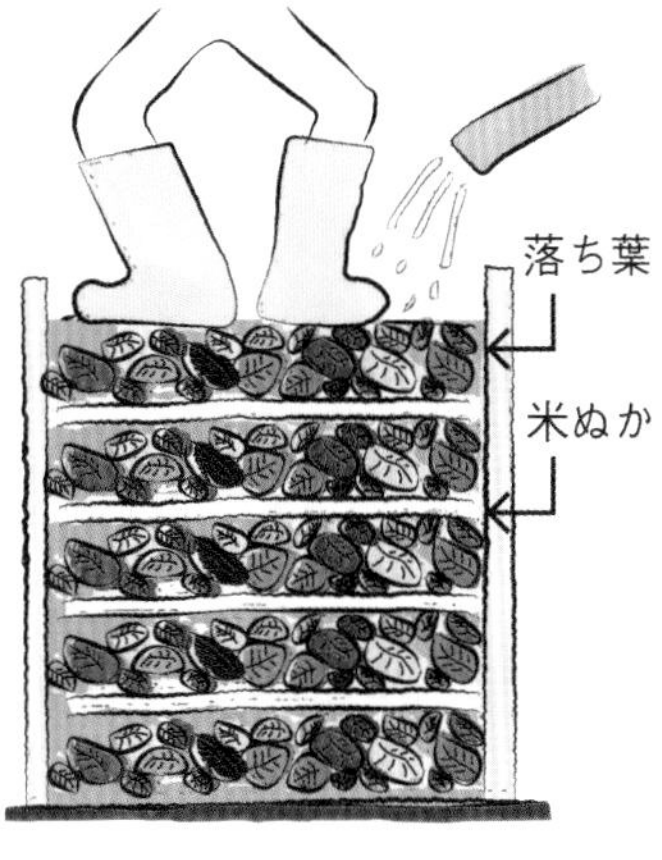

よく踏み締める

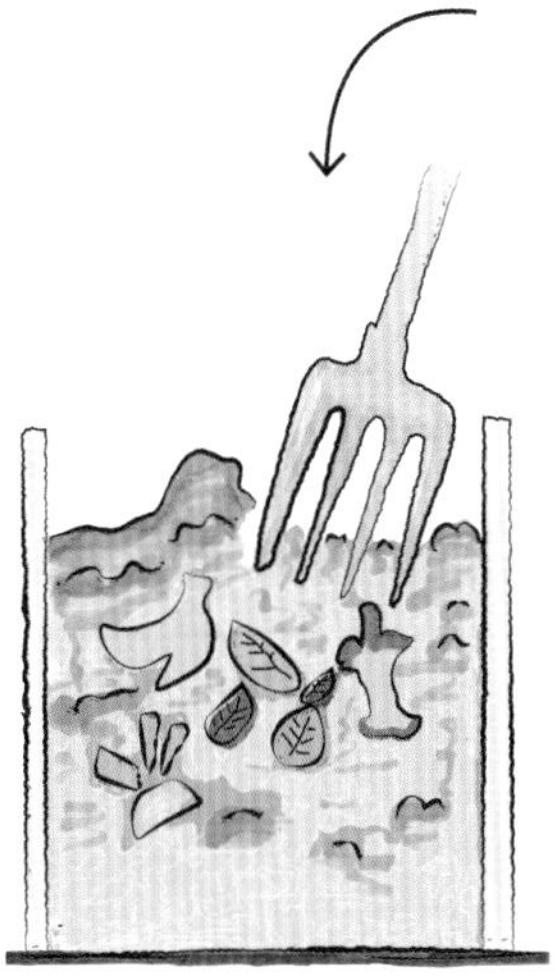

よく混ぜる

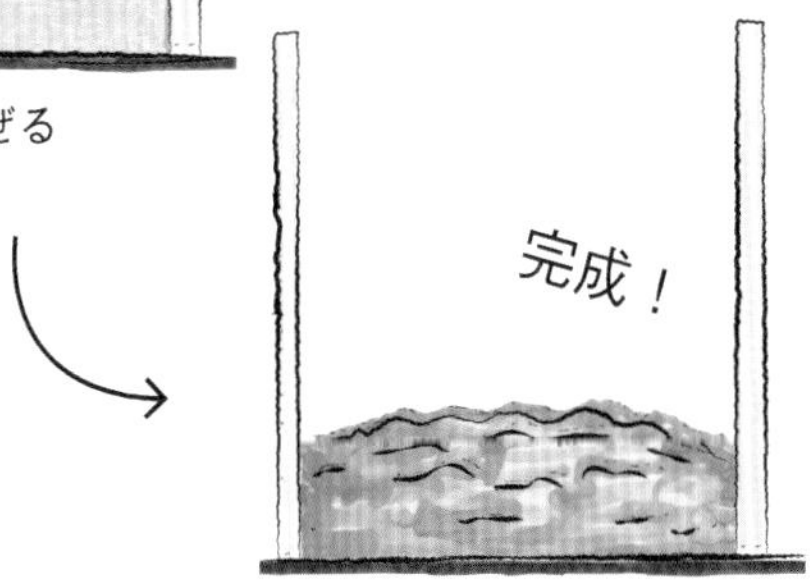

約1年でできあがり

堆肥の材料

落ち葉……容器に入るだけ
米ぬか…適宜
枯れ草、野菜の残渣、生ゴミ…その都度入れる

つくり方

❶容器の8分目まで落ち葉を入れ、表面に薄く米ぬかを振って、上から踏みつける。踏むとかさが減るので、容器がいっぱいになるまで同じ作業を繰り返し、落ち葉と米ぬかの層を5段くらい作る。
❷水を加え、落ち葉を握ったときに指の間から水が染み出すくらいの水分量にする。
❸1週間ほどで発酵が始まる。中に手を入れてほかほかした熱を感じればOK。発酵が始まらないときは米ぬかや水を足す。
❹枯れ草や野菜の残渣、生ゴミは、その都度加えて落ち葉とよく混ぜる。
❺1年ほどで完全に分解されるので、土状になったものを取り出して使う。有機物の形が残っているものは、容器に戻してさらに分解を進める。

植物の生育に必要な養分
肥料の種類と使い方

ゆっくり長く効く 有機質肥料で育てる

初心者にとって、堆肥と肥料はちがいがわかりにくいが、それぞれ含まれる成分や目的が異なる。60ページで説明したように**堆肥は野菜の生育に適した土をつくるための資材**。一方で**肥料は野菜の養分**である。

植物の生育には、17の必須要素※1があり、そのうち**窒素（N）、リン酸（P）、カリ（K）はとくに重要**な肥料の三要素と呼ばれている。肥料は、この3つの成分を中心に構成された資材だ。堆肥にも若干の肥料分が含まれてはいるが、その供給を目的とするものではない。

肥料には、鉱物などの無機物から化学的に作られた化学肥料と、動物性や植物性の有機物を原料とした有機質肥料がある。**化学肥料は成分が明確で速効性があり、肥効がわかりやすい**のが特徴。なお、化学肥料のうちN、P、Kのいずれか2つ以上の成分を含み、粒状やペレット状にしたものを化成肥料という。

有機質肥料はゆっくり効果が現れて長く効く。土に施したあと微生物に分解され、無機物の形になってから根に吸収される。原料は有機物なので、堆肥同様の**土づくりの効果**も期待できる。

有機質肥料には発酵鶏ふんや油粕、魚かす、骨粉、米ぬか、草木灰などがあり、それぞれN、P、Kの成分比に特徴がある。市販の肥料には、どんな成分がどれくらい含まれているかパッケージに必ず記載されている。化学肥料で一般的なのがN・P・K＝8・8・8。これは窒素、リン酸、カリがそれぞれ8％ずつ含まれているということ。発酵鶏ふんはN・P・K＝3〜4・5〜6・2〜3、油粕はN・P・K＝5〜7・1〜2・1〜2くらいだ。

肥料の必要量は野菜の種類や成長段階によっても異なるが、ミニ菜園では基本的に土づくりを行う**春に、元肥として有機質肥料を4㎡（2m×2m）当たり500g**程度施し、その後は秋の植えつけ前の元肥と、とくに肥料を多く必要とする野菜への追肥で補う。

窒素（N）、リン酸（P）、カリ（K）の役割

窒素（N）…「葉肥」と呼ばれ、茎葉や根の生育に欠かせない要素で、不足すると全体的に生育が悪くなる。一方で過剰だと病害虫の発生につながる。

リン酸（P）…「花肥」、「実肥」と呼ばれ、開花や結実を助け、植物の生命維持にも欠かせない要素。

カリ（K）…「根肥」と呼ばれ、根や茎の発育を促す。細胞の成長や光合成など生理作用にも関わる。

※1 **17の必須要素**…窒素、リン酸、カリ、カルシウム、マグネシウム、イオウ、鉄、銅、マンガン、亜鉛、ホウ素、モリブデン、塩素、ニッケル、炭素、酸素、水素。

有機質肥料の種類

発酵鶏ふん…ニワトリのふんを発酵させたもの。窒素、リン酸、カリのバランスがよく、カルシウムも含む。有機質肥料の中でも速効性があり、元肥のほか追肥としても効果的に使える。

油粕…ナタネやダイズから油を搾った残りかす。窒素の含有量が多く、古くから肥料として利用されてきた。リン酸とカリが少ないので、草木灰や米ぬかなどと組み合わせて使うとよい。

米ぬか…玄米を精米するときに出るぬか。リン酸を多く含む。糖分やタンパク質も含み、微生物を増やすのにも効果的。

草木灰…草や木を燃やしたあとの灰。カリが多く、リン酸も含む。窒素は含まない。

魚かす…魚の残渣が原料。窒素とリン酸を多く含み、比較的速効性がある。

骨粉…ブタやニワトリなどの骨が原料。リン酸を多く含む。

しっかり効かせる施肥のコツ

コツ1 元肥は春に一括施用

ゆっくりと効き目が現れて、長く効き続ける有機質肥料を、土づくりをする春先に500g程度施用する。秋作ではマスごとに必要に応じて30g程度の元肥を施してから植えつける。

コツ2 追肥は控えめに

野菜の生育を観察し、葉が小さい、葉色が悪いなど肥料不足がみられる場合に追肥する。追肥は1マス当たり有機質肥料10〜20g程度。肥料のやりすぎは病虫害発生の原因にもなるので控えめにする。

コツ3 土に混ぜて分解させる

有機質肥料は軽く土に混ぜてやると分解が早く進む。また、水分がないと根が肥料分を吸収できないので、追肥ですぐに効かせたい場合は、併せて水をやるとよい。

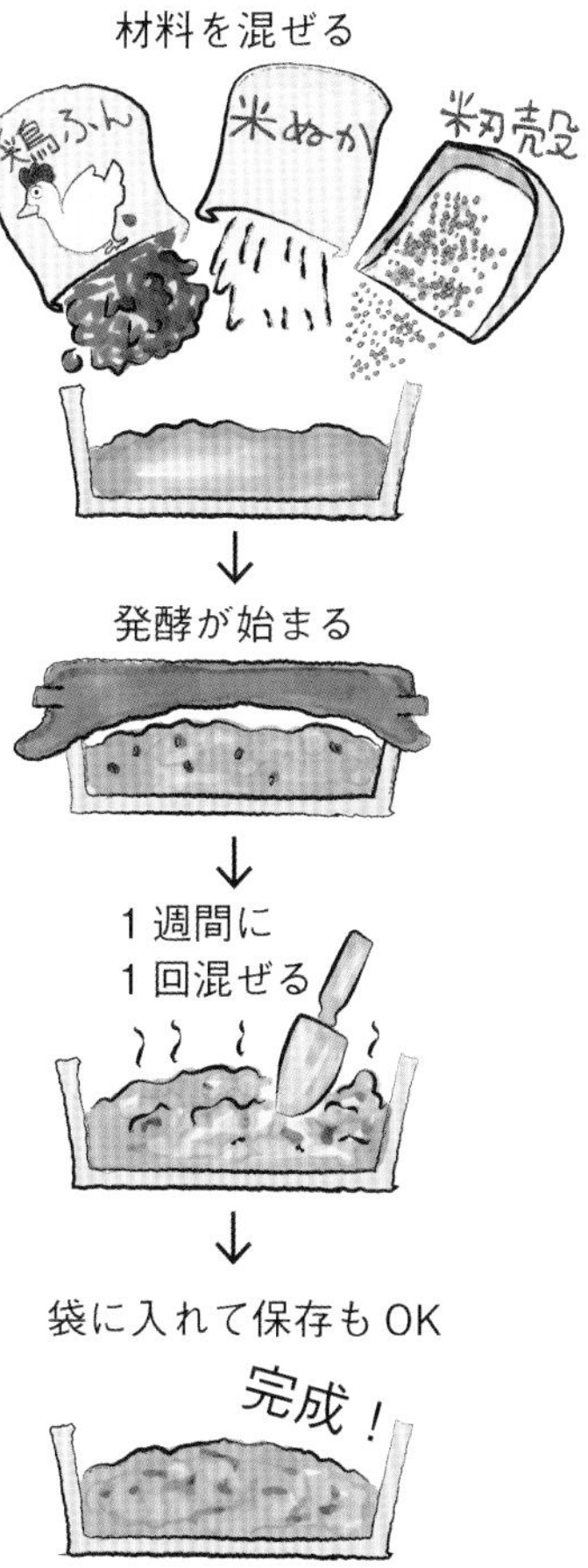
材料を混ぜる
鶏ふん
米ぬか
籾殻
発酵が始まる
1週間に
1回混ぜる
袋に入れて保存もOK
完成！

手づくりボカシ肥料のつくり方

ボカシ肥料とは、数種類の有機質肥料を混ぜて発酵・分解させたもの。発酵済みなので施用後すぐに野菜が養分として吸収できる。材料は成分バランスを考えて組み合わせればよいが、ここでは、鶏ふんを主体に籾殻で繊維分を補い、発酵を促すため微生物のエサとなる米ぬかを加える。

材料

籾殻…1kg
米ぬか…1kg
発酵鶏ふん…2kg
水…2ℓ

つくり方

❶容器に材料を入れて、むらなく混ぜ合わせて水を加える。
❷通気性のある布などで容器にふたをして、直射日光の当たらない場所に置く。
❸1週間ほどで発酵が始まり、中の温度が上がる。うまく発酵しないときは水分が足りないか、逆に多すぎるのが原因。水または材料を足して調整する。
❹1週間に1回を目安に全体をよくかき混ぜ、微生物に酸素を供給してやると、発酵が進む。
❺香ばしい発酵臭が落ち着いたら完成。仕込んでから1か月程度でできる。

間引き、仕立て、除草、防虫
ミニ菜園の管理作業

快適な環境をつくり、病虫害や雑草を抑える

菜園の野菜は、人が手をかけてやることで健康的に育ち、おいしい実をたくさん収穫できるようになる。世話をするのは手間がかかるが、野菜づくりの楽しさでもあり、手をかければかけただけよく育つからやりがいもある。

どんな管理をするかは野菜によって異なるが、小型の葉物や根菜の場合、種をまいて次にやることは間引きだ。通常、種をまくときは発芽しなかったり、生育が悪かったりすることを考えて、最終的に育てる株数より多くの種をまく。**密植**※1**することで互いを競争させて生育に勢いをつける**狙いもある。発芽後、ある程度成長したら、生育の悪い株やよすぎる株、病害虫の被害がある株を抜いて、適切な株間にしてやるのだ。**間引きは、生育に合わせて通常1～3回**行い、最終的な株数にする。せっかく育った株を抜いてしまうのはもったいないが、株間を確保しないと、風通しや日当たりが悪くなり、病虫害も発生しやすく、結局大きく育たないのだ。間引き菜はサラダやスープに利用できる。

キャベツやハクサイなど害虫の被害が多い作物は、防虫ネットをトンネル掛けして被害を防ぐ。食害痕を見つけたときは、そのままにしてしまうと被害が広がるので、葉の裏や株元の土の中を探して害虫を見つけ出し、ただちに捕殺する。

トマトやナスやキュウリは仕立てが必要。支柱やネットに**茎やつるを誘引し、必要のない枝やわき芽をかき取ってやる**。風通しをよくし、養分を集中させることで健康的に育ち、収量もアップする。

肥料を多く必要とする野菜には、生育を見て追肥し、夏場に雨が降らない日が続いてひどく乾燥するようなときは、水やりも忘れずに。

除草はなるべくこまめにやること。雑草は根づかせてしまうと抜くのが大変なので、草があまり生えていなくても**1週間に1回程度、土の表面を鎌や熊手で軽く耕してやる**と楽に作業ができる。広い畑では除草も大変だが、ミニ菜園なら10分足らずで終わる。

5、6月に草が生えないようにしておく。夏野菜が成長してからは、茎葉で地表が覆われて草はほとんど生えない

トマトやナス、ピーマンは支柱を立てて誘引し、枝を整理してやることで、実つきがよくなる

※1　密植…狭い場所に多くの株が育っていること。

なぜやる、どうやる、管理作業

管理のPoint 1
間引き

すじまきや点まきした種が発芽して育つと混み合ってくる。そこで、生育の悪い株を間引いて、葉が重ならない程度に株と株の間隔をあける。小型の葉物や根菜などは、通常、本葉5〜6枚までに2〜3回間引いて最終株間にする。間引くときは本葉1〜2枚ならつまんで抜いてよいが、本葉3〜4枚以降は株元をハサミで切れば、残す株の根を傷めない。

間引かないと
大きく育たない

間引くと株間が広くなり
のびのび育つ

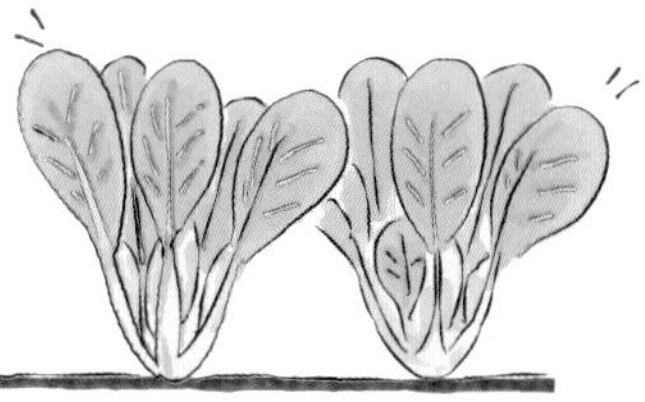

管理のPoint 2
仕立て

株が大きく育つナス科やウリ科の野菜は、茎やつるを支柱やネットに誘引して支えてやる。必要のないわき芽はかき取って枝を整理する。着果した実は一部を摘み取って着果数を制限することで、サイズがそろった大きな実がとれる。なり疲れによる草勢の低下も防げる。老化したり、病害虫に侵されたりした葉は取り除くことで新しい葉の発生が促され、若返りも狙える。

仕立てないと
枝が混み合う

仕立てると
すっきりしてよく育つ

管理のPoint 3
病害虫防除

病害虫の発生は野菜にとって大きなダメージになる。とくに病気は発生すると防除が難しいので、発生しにくい環境をつくることが重要。日当たり、風通しをよくし、マルチングで雨による泥はねを抑える。過剰な肥料も病害虫発生の一因なので、肥料は控えめを心がける。病気が発生したときは様子をみて、ひどくなるようなら、ほかの株に広がる前に抜いて処分する。害虫は見つけしだい取り除く。

防虫しないと
害虫のエサになる

防虫すると
害虫を防げる

管理のPoint 4
除草

雑草が生えると、養分が取られ、日当たりや風通しも悪くなって野菜の生育に影響が出る。見た目にも雑草だらけの菜園は美しくない。雑草を抑えるにはこまめに除草するのが最も楽で効果的。1週間に1回を目安に地面を熊手などで軽く耕しておけば、雑草が根づく前に防除できる。また、わらや籾殻で地面を覆ってやると雑草の種が発芽しにくくなる。

除草しないと雑草に負ける

除草すると日当たりや風通しがよくなる

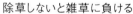

コラム

ミニ菜園の害虫対策

害虫を防除するには、その生態を知ることが大切。日当たりや風通しをよくして害虫が発生しにくい環境をつくり、コンパニオンプランツや防虫ネットを活用して被害を防ごう。

アオムシ

モンシロチョウの幼虫。春と秋に多発し、キャベツ、ハクサイ、ブロッコリー、カリフラワーなどアブラナ科の野菜の葉を食害する。
対策／防虫ネットを掛ける。レタスなどキク科の野菜と混植する。

ヨトウムシ類

ヨトウガの幼虫。春から秋まで発生し、アブラナ科をはじめ、ナス、ネギ、シュンギクなど多くの野菜を激しく食害する。食害のあとには粒状のふんを残す。夜間活動し、日中は葉の裏や浅い土の中に潜んでいる。
対策／防虫ネットを掛ける。見つけたら捕殺する。

ハスモンヨトウ

ヨトウムシの仲間で背中に黒い斑点があるのが特徴。7～10月に発生し、アブラナ科、ナス科、キク科、サトイモ、サツマイモ、ホウレンソウなど、多くの野菜に被害をもたらす。
対策／防虫ネットを掛ける。見つけたら捕殺する。

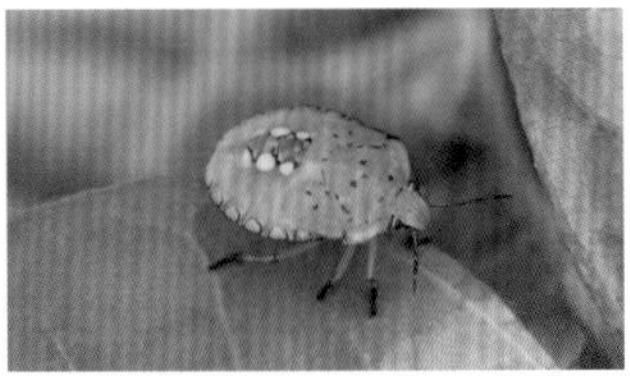

カメムシ類

主にトマト、ナス、ピーマン、エダマメなどを吸汁する。大量発生すると株がしおれて収量に大きく影響する。梅雨明けから8月にかけて発生が増える。
対策／周辺の雑草で繁殖することが多いので、まめに草刈りして菜園の風通しをよくする。

クロウリハムシ

5～6月に多く発生し、キュウリやカボチャ、スイカなどウリ科の葉を食害する。同じ仲間で羽が茶色のウリハムシがいる。
対策／あんどんやホットキャップで苗を保護する。

アブラムシ類

体長1～5mmの小さな虫が茎や葉に群生して吸汁する。また、ウイルス病を媒介する。春から秋にかけて多くの野菜に発生する。
対策／草丈の低い野菜は目の細かい防虫ネットを掛ける。群生したところは手でこすり取る。

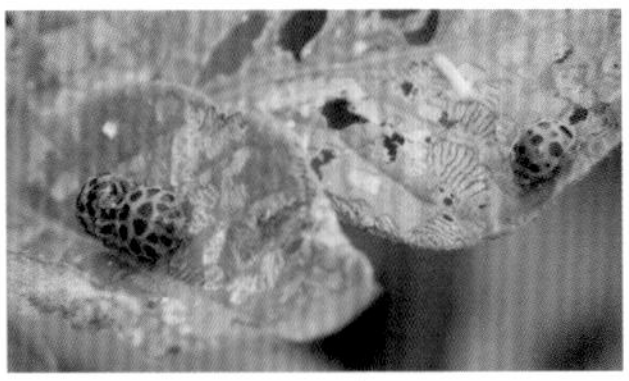

テントウムシダマシ

ジャガイモやトマト、ナスなどナス科の野菜の葉を食害する。成虫だけではなく、幼虫の食害もはなはだしい。5月下旬～7月上旬、8月上旬に発生する。
対策／見つけたら捕殺する。

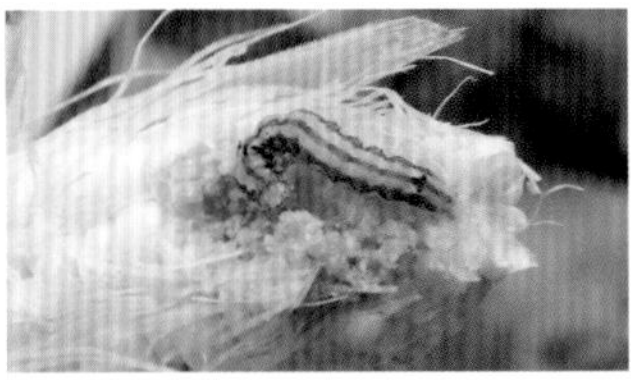

アワノメイガ

幼虫がとくにトウモロコシを食害。雄花の発生時に成虫が産卵し、孵化した幼虫は茎に侵入して食害する。5月下旬～6月下旬、8月上旬～9月上旬に成虫が発生する。
対策／受粉が完了したら雄花を切り取る。成虫の発生時期とずらして栽培する。

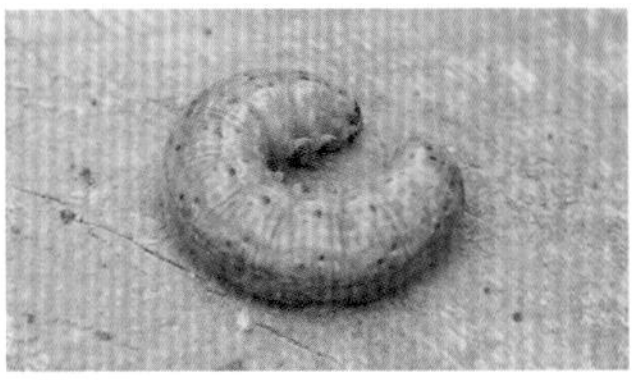

ネキリムシ類

カブラヤガの幼虫。日中は土中に潜み、夜になるとはい出してきて地際の茎や葉を食害する。アブラナ科、ナス、ニンジンなどの被害が多い。
対策／株元の食害痕や苗が倒れているのを見つけたら、株元の土を掘って見つけ出し捕殺する。

第四章

野菜の育て方64種

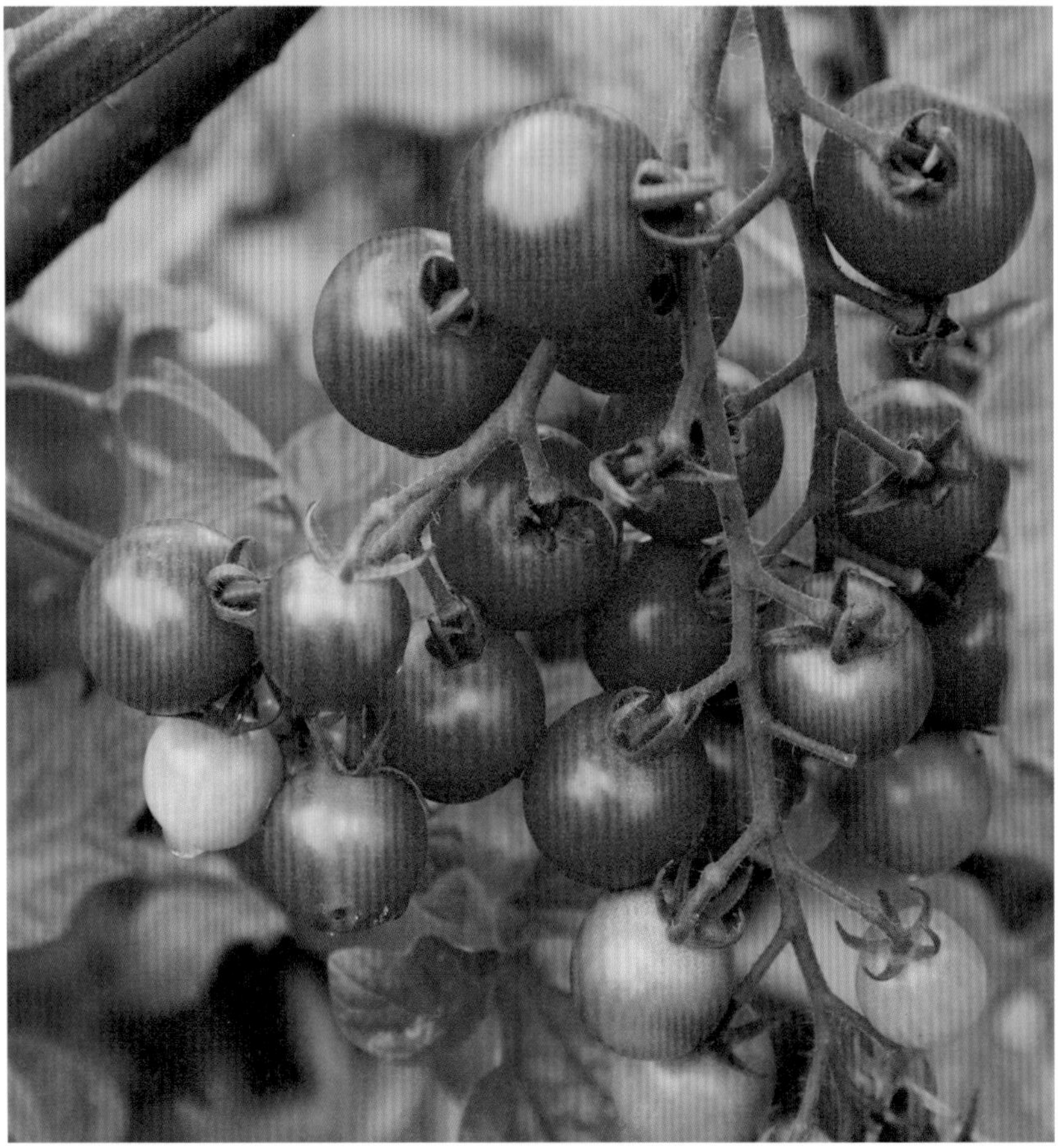

トマト［ナス科］
tomato

1マス1株

トマトDATA

植えつけ時期　4月下旬～5月中旬
収穫時期　6月下旬～8月下旬
おすすめ品種　**「アイコ」**（サカタのタネ）長卵形のミニ。果肉が厚く、裂果が少ない。**「ミニキャロル」**（サカタのタネ）病気に強く、たくさんとれるミニ。**「レッドオーレ」**（カネコ種苗）糖度が高いフルーツ感覚の中玉。樹勢が強く、長期どりに向く。

ミニor中玉で多収を狙う

果実の大きさによってミニ、中玉、大玉に分けられる。原産地は南米アンデスの乾燥した高地で、湿度が高い日本の夏は苦手。とくに大玉は降雨後の急激な吸水による裂果や土のはね返りによる病気が発生しやすく、栽培にはそれなりの技術が必要。野菜の中でも難易度が高い。

一方、**ミニや中玉は大玉に比べて強健**で、実つきのいい品種が多い。雨よけ※1をしなくても比較的簡単に作ることができる。色や形のバラエティーも豊富で、糖度の高さと食味のよさを売りにしたフルーツトマトといわれる品種も人気が高い。

茎が伸びたら支柱を立てて誘引し、**葉のつけ根から出るわき芽は早めに摘み取る**。仕立ては主枝とわき芽1～2本を伸ばす方法もあるが、ミニ菜園では主枝だけを伸ばす1本仕立てが管理しやすい。

※1　雨よけ…急激な土壌水分の変化による裂果や泥はねによる病気を防ぐため、トマトに掛ける支柱とビニールによる屋根。

育て方

わき芽をかいて樹形をコンパクトに育てる

1 根鉢に水を含ませて植える

苗は、第1花房の花が咲き始めるくらいのものが植えつけに適した成長段階。ポットごと水に浸して、根にしっかり吸水させてから植える。

2 支柱を立てて誘引する

植えつけ後、短い仮支柱を立てて苗を支え、2週間ほどして根づいたら本支柱を立て、成長に合わせて茎が倒れないようにひもで誘引する。

3 わき芽はこまめにかく

葉のつけ根から発生するわき芽は、5〜6cmくらいでこまめにかき取り、主枝1本を伸ばす。2マス使いで主枝とわき芽の2本仕立ても可能。

4 真っ赤に完熟した実を収穫

果実はヘタのほうまでしっかり色づいてから収穫する。収穫した房より下にある老化した葉はかき取って、株元の風通しをよくしておく。

ちょっとひと工夫

混植するならバジル

トマトの近くにバジルを植えると互いがよく育つ。バジルが比較的水分を好む一方、トマトは水分をしぼると甘みが増すので、食味がよくなるといわれる。またバジルの強い香りはトマトにつくアブラムシなどの害虫を忌避する効果が期待できる。食材としての相性もよいので、一緒に植えると料理にも役立つ。

ナス ［ナス科］
eggplant

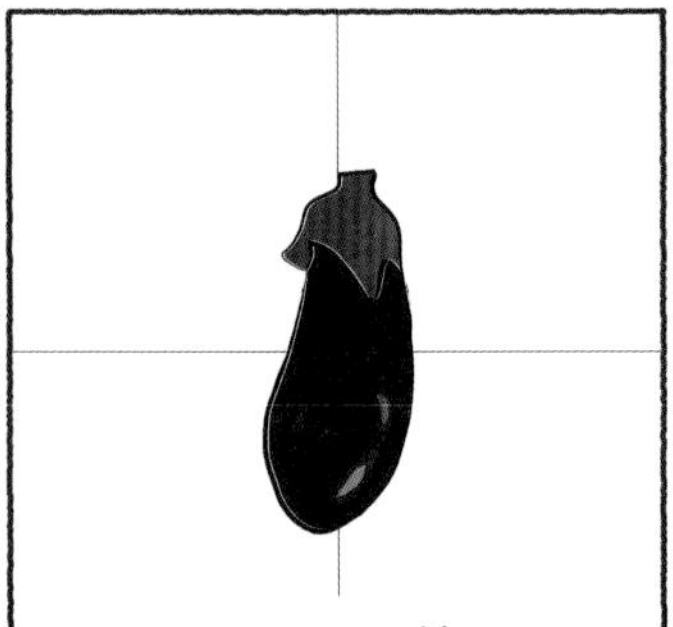

４マス１株

ナス DATA

植えつけ時期　4月下旬～5月下旬
収穫時期　6月下旬～10月下旬
おすすめ品種　「**千両二号**」（タキイ種苗）1964年登場の大ロングセラー。極早生の長卵形ナスで、スタミナがあり、長期栽培にも向く。「**竜馬**」（タキイ種苗）超極早生の長卵形ナス。葉が小さく、草丈が低いのでコンパクトにまとまる。小ナス収穫にも適する。

株元にはネギ、ニラ、ラッカセイがお似合い

インド東部の熱帯地方が原産で高温と強い光を好み、乾燥は苦手。枝葉によく光が当たるようにのびのび育てるのがコツ。贅沢に**４マス使って、中央に１株植える。**株元には相性のいいネギやニラ、草丈の低いラッカセイなどを組み合わせれば、スペースを有効に使える。また、ナスは**〝水で育てる〟**といわれるくらい水分要求量が多いので、株元にわらや籾殻を敷いて乾燥を防ぐ。

仕立ては、**主枝＋１番花の下から出る側枝１本を残してＶ字形に枝を伸ばす。**葉のつけ根から次々にわき芽が出て実をつけるが、放任すると混み合うので、収穫したらその下の葉を２枚残して摘心し、わき芽を伸ばす。これを繰り返しながら収穫していくことで、必要以上に枝が広がらずコンパクトな樹形を保てる。

育て方

4マス使いで枝葉を広げ のびのび育てる

1 つぼみがついている苗を植えつける

苗はつぼみがついていれば植えつけ適期。根鉢を水に浸して吸水させてから、4マスの中央に植えつける。株元にわらや籾殻を敷いて乾燥を防ぐ。

2 主枝と側枝1本の2本仕立てで縦に伸ばす

主枝と1番花の下から発生するわき芽1本を伸ばして、X字形に組んだ支柱に誘引する。その下から出るわき芽はすべて摘み取る。

3 20日に1回追肥する

1番花と2番花は摘み取って、株の成長に栄養を集中させる。収穫が始まったら、20日に1回を目安に有機質肥料10gを追肥する。

4 収穫

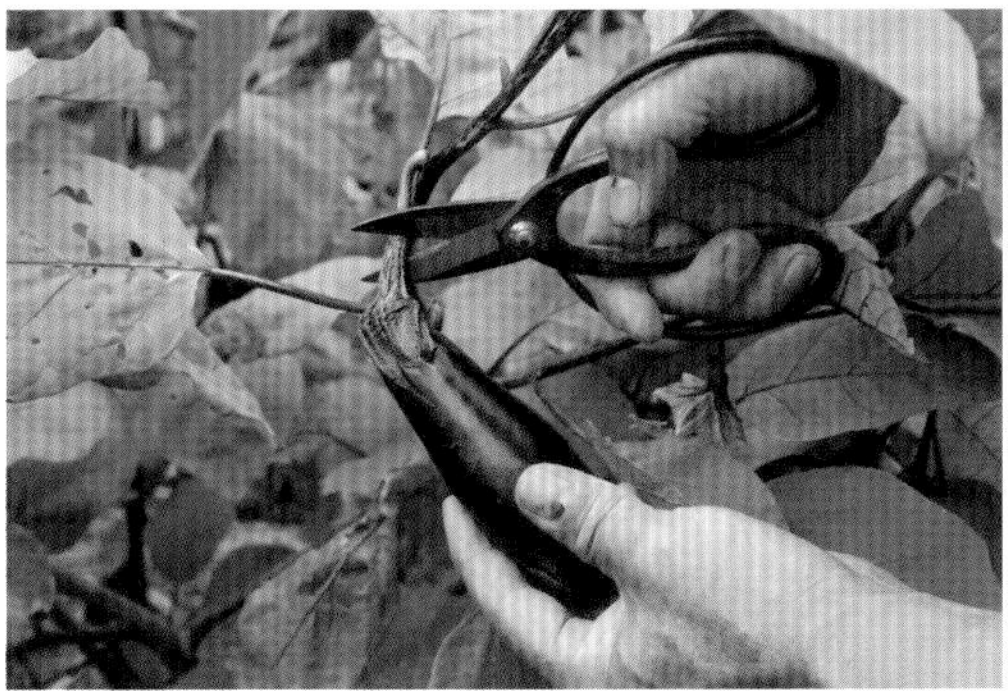

実をあまり大きくしすぎると味が落ち、なり疲れするので、ちょっと小さいくらいで早めにとる。ヘタをハサミで切って収穫する。

5 枝先を切り戻し、わき芽を伸ばす

仕立てた2本の枝から次々にわき芽が伸びて実がつくので、収穫したらその下の葉を2枚残して摘心。残した葉のつけ根からわき芽が出て、実をつける。

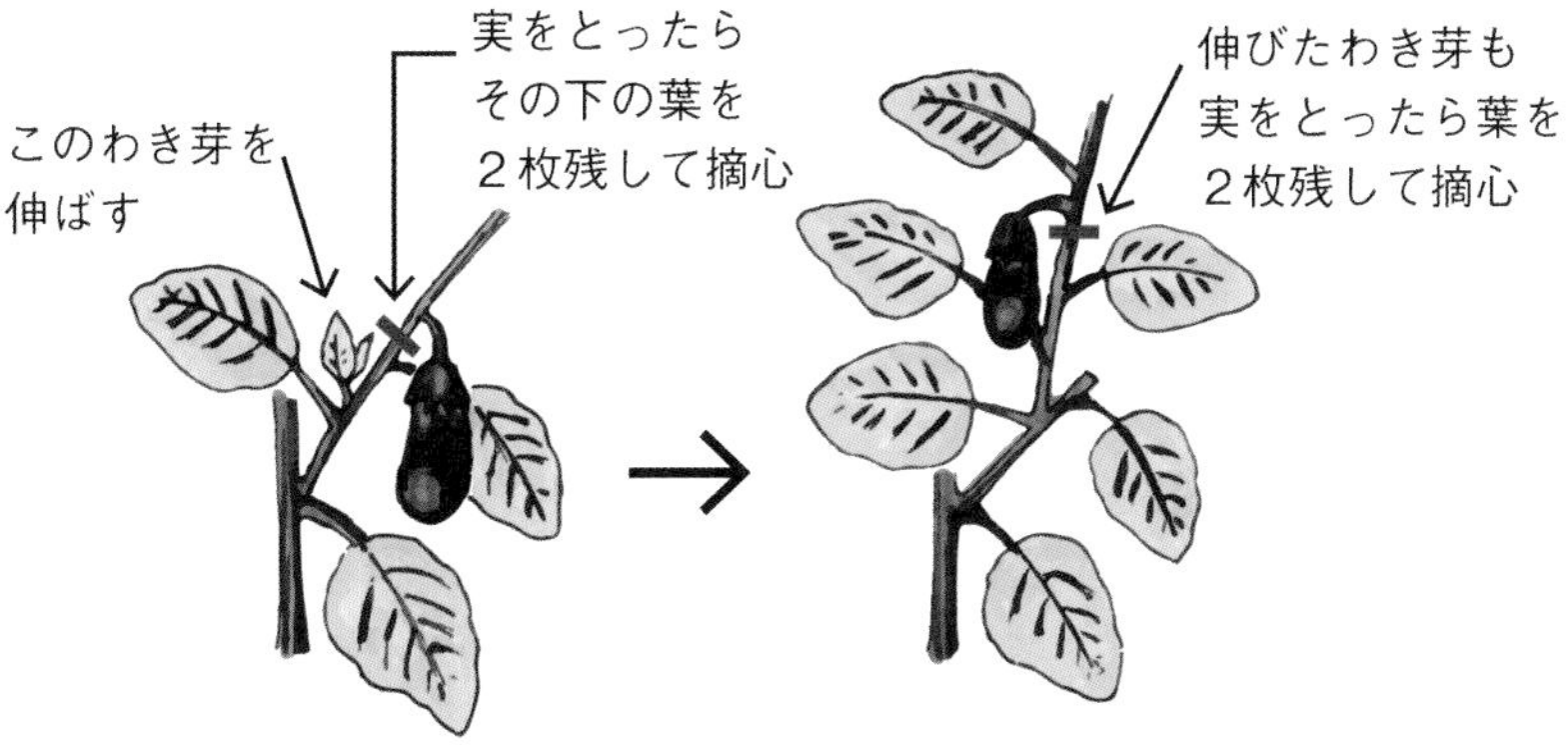
このわき芽を
伸ばす
実をとったら
その下の葉を
２枚残して摘心
伸びたわき芽も
実をとったら葉を
２枚残して摘心

ピーマン ［ナス科］

green bellpepper

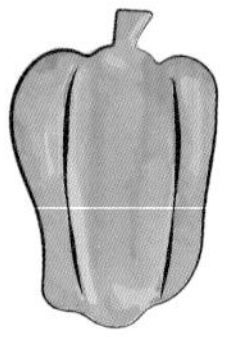

1マス1株

ピーマン DATA

植えつけ時期　5月上旬〜5月下旬

収穫時期　6月下旬〜10月下旬

おすすめ品種　「エース」（タキイ種苗）極早生で多収。果実は40g程度の中獅子型。「京みどり」（タキイ種苗）果肉が薄くやわらかい。草勢旺盛で多収。「ぷちピー」（トキタ種苗）直径2〜3cmの甘みのあるフルーツのようなピーマン。赤、黄、オレンジなどがある。

高温を好み、低温にも強い。夏から晩秋まで実をつける

辛み成分のカプサイシンを含まないトウガラシの仲間で、パプリカやシシトウも同じ。中南米原産のトウガラシをコロンブスがヨーロッパに持ち帰り、その後18世紀にアメリカで品種改良されて現在のピーマンができたとされる。高温を好み、生育初期は成長が緩やかだが、梅雨が明けて気温が高くなると旺盛に育つ。

ピーマンの**枝は2本に分かれるのを繰り返しながら伸びていく**。最初に主枝から2本に分枝するので、その後は枝分かれしたうちの1本を伸ばすようにして**Y字形の樹形に仕立てる**。

〝ピーマンには無駄花がない〟といわれるくらいよく実をつける。手をかけて育てれば、1株から100個以上の収穫も。普段食べる緑色のピーマンは未熟果だが、赤く完熟させると甘みが出る。

育て方

枝を整理して、Y字形のコンパクトな樹形を維持する

1 気温が高くなってから植えつける

つぼみがついた苗を植えつけ直前に入手する。ナスよりも高温を好むので、5月以降、最低気温が10℃を下回らないようになってから植える。

2 Y字形に仕立てる

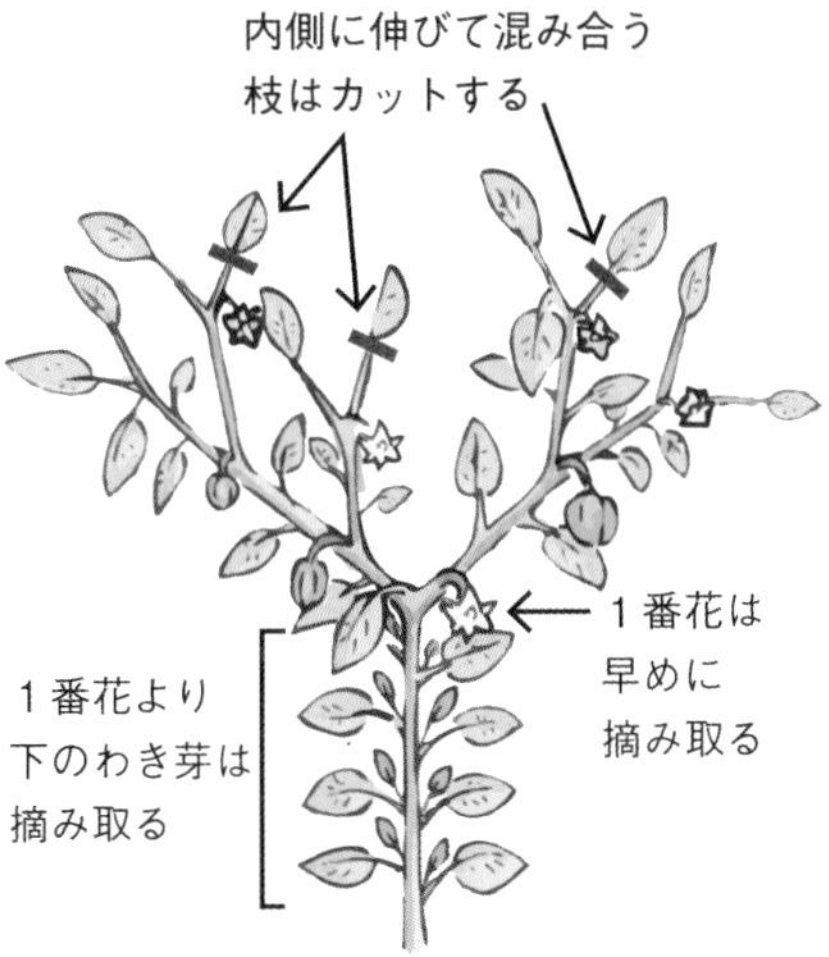
内側に伸びて混み合う枝はカットする
1番花は早めに摘み取る
1番花より下のわき芽は摘み取る

1番花、2番花は早めに摘花して栄養を株の成長に集中させる。1番花の下から出るわき芽は摘み取り、枝分かれした2本の枝をY字形に仕立てる。

3 整枝して、風通しをよくする

ピーマンの枝は2本に分枝しながら伸びていく。放任すると混み合うので、内側に伸びる枝を整理しながら、風通しよく育てる。

4 濃緑色になり艶が出たらとりごろ

開花後20日ほどで収穫できる。なり疲れさせないように若どりを心がける。収穫が始まったら、20日に1回を目安に有機質肥料10gを追肥する。

ちょっとひと工夫

シシトウやパプリカも育て方は一緒

【シシトウ】トウガラシの甘味種。万願寺とうがらしなども同じ仲間。辛みのある実が交じることも。

【パプリカ】果実は肉厚で甘みが強い。赤、黄、オレンジなど色も鮮やか。完熟させるため収穫は開花から40〜50日かかり、少し難易度が高い。

【トウガラシ】強い辛みがあり、果実は上向きにつく。赤く熟したものを収穫する。

キュウリ
cucumber

［ウリ科］

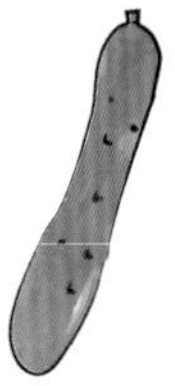

1マス1株

キュウリ DATA

植えつけ時期　4月下旬～7月上旬

収穫時期　6月上旬～10月下旬

おすすめ品種　**「夏すずみ」**（タキイ種苗）べと病、うどんこ病に強い夏秋キュウリの定番品種。**「さつきみどり」**（サカタのタネ）親づるに雌花がつき、子づるの発生が少ない。限られたスペースでも仕立てやすい。**「ミニQ」**（トキタ種苗）果長8～10cmのミニキュウリ。

強健な接ぎ木苗で、みずみずしい実をとる

原産地はインド北西部のヒマラヤ山麓。比較的強い光を好むが、生育適温は25～28℃。30℃を超えるような暑さは苦手。根が浅いため乾燥に弱く、水分を多く必要とする一方で、水はけが悪いと根腐れを起こしやすい。ウリハムシやうどんこ病※1、モザイク病※2など病害虫も発生しやすい。順調に成長すれば次々と実をつけるが、管理の難しい野菜でもある。

うまく育てるコツは耐病性のある、**強健な接ぎ木苗を使う**こと。苗を植えつけたら、あんどんや苗キャップをかぶせておくと保温や風よけ、ウリハムシ対策になり、活着が早まる。5節までのわき芽と雌花は摘み取って、株を大きく育て、**6節以降の雌花を結実させる**。子づるは放任すると混み合うので、葉を2枚残してその先は摘心する。枯れた下葉は摘み取る。

育て方

子づるを整理して風通しよく育てる

1 ネギやニラとの混植で病気になりにくい

本葉2～3枚に育った苗を選ぶ。接ぎ木苗なら強健。植えつけるときは根にしっかり吸水させる。ネギやニラを混植すると病気になりにくい。

2 苗キャップで保温し、害虫を防ぐ

苗を植えつけたら、防寒と防虫に苗キャップやあんどんをかぶせる。活着し、生育が旺盛になったら外し、支柱やネットにつるを誘引する。

3 5節目までのわき芽は摘み取る

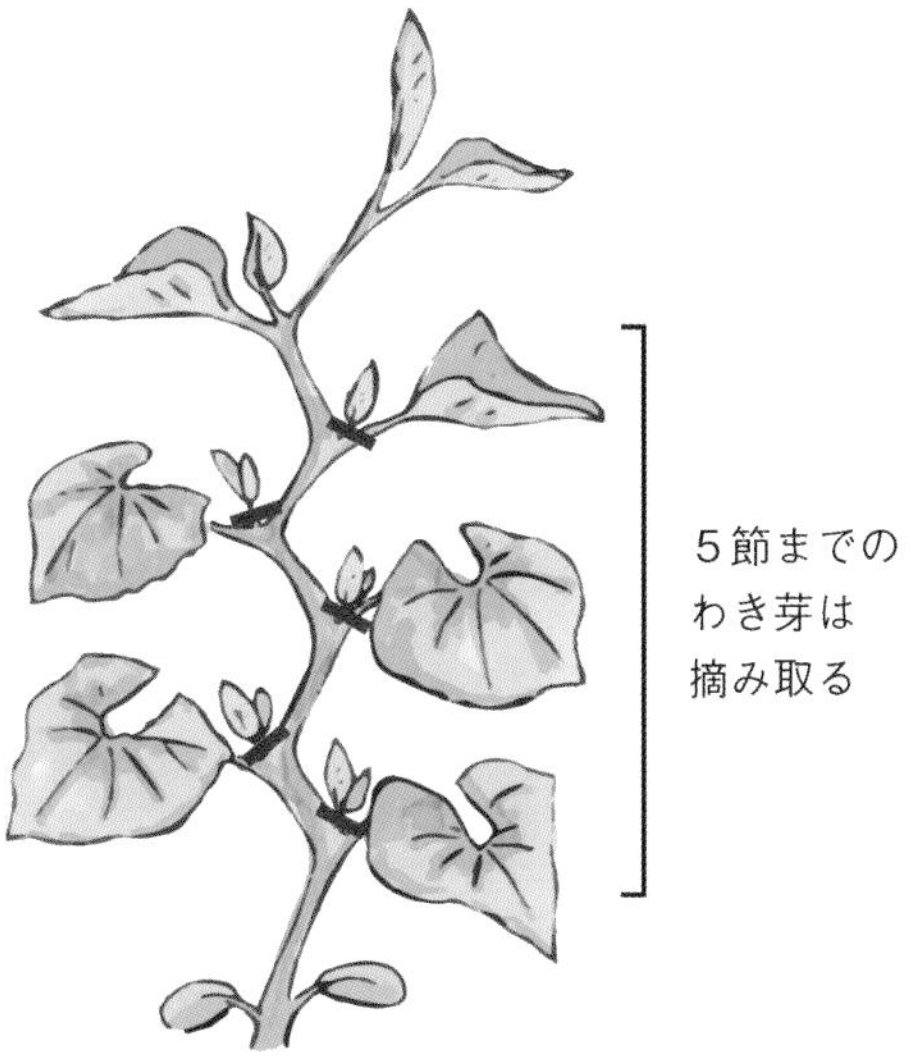
5節までの
わき芽は
摘み取る

5節目までに発生するわき芽や雌花は摘み取って、養分を親づるに集中させる。乾燥に弱いので保湿のためにわらや籾殻を敷くとよい。

4 子づるは葉を2枚残して摘心する

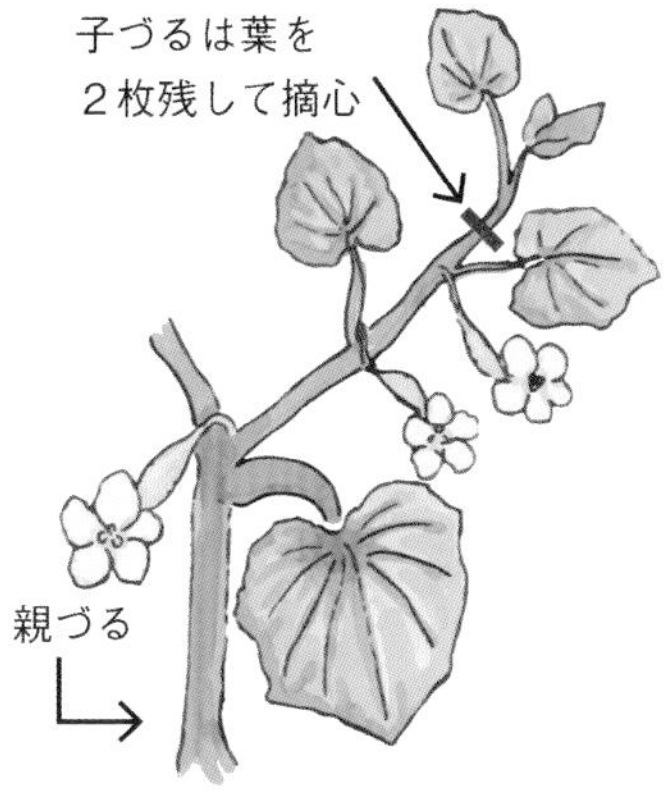
子づるは葉を
2枚残して摘心
親づる

各節から出る子づるは放任すると混み合うので、葉を2枚残して摘心する。黄色く枯れた下葉は摘み取って風通しをよくする。

5 若どりしてなり疲れを防ぐ

生育が早く、雌花が開花すると1週間ほどで収穫できる。とり遅れるとすぐに大きくなり、株が弱るので少し小さいくらいの若どりを心がける。

※1 **うどんこ病**…葉や茎の周りに白いカビが生える病気。ひどくなると光合成が阻害され、生育不良になる。
※2 **モザイク病**…葉にモザイク状の斑紋が発生し、萎縮する。アブラムシなどによって運ばれるウイルスにより感染する。

pumpkin

カボチャ

［ウリ科］

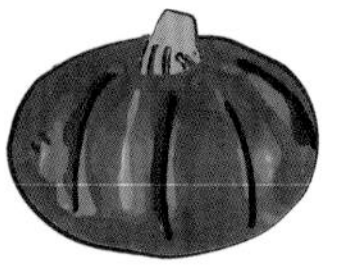

1マス1株

カボチャ DATA

植えつけ時期　4月下旬～5月下旬
収穫時期　7月中旬～8月下旬
おすすめ品種　**「坊ちゃん」**（ヴィルモランみかど）手のひらサイズのミニカボチャ。**「バターナッツ」**（タキイ種苗）ひょうたん形のカボチャで、ねっとりとした肉質はスープに向く。**「栗っプチ」**（サカタのタネ）クリのようなホクホク食感。果重は500～600g。

つるは枠の外に伸ばす。ほくほく食感のミニが人気

つるが広がるため、本来は広い畑じゃないと難しいが、ミニ菜園でもつるを枠の外に逃がせるスペースがあれば栽培可能。

原産地は北アメリカ南部から南アメリカとされ、日本に伝わったのは16世紀の半ば。いろいろな形、大きさのものがあるが、小スペースで育てやすいのはミニカボチャ。手のひらにのる食べきりサイズで料理の使い勝手もいい。

土手でも育つといわれるくらい強健だが、放任すると質のいい実はとれない。親づるは5節目で摘心し、**子づる2本を伸ばして、1つるに2～3果**つける。

カボチャは1株に雄花と雌花があり、風や虫によって花粉が運ばれることで受粉するが、人工授粉すれば確実に着果する。雄花を摘み取って花粉を雌花の柱頭にこすりつけてやる。

育て方

子づる2本を伸ばし人工授粉で確実に着果させる

1 苗キャップで害虫防除

本葉2～3枚で節間が詰まった苗を選ぶ。つるを枠の外に伸ばせるマスに植え、保温とウリハムシ防除に苗キャップやあんどんをかぶせる。

2 親づるを摘心し、子づる2本を伸ばす

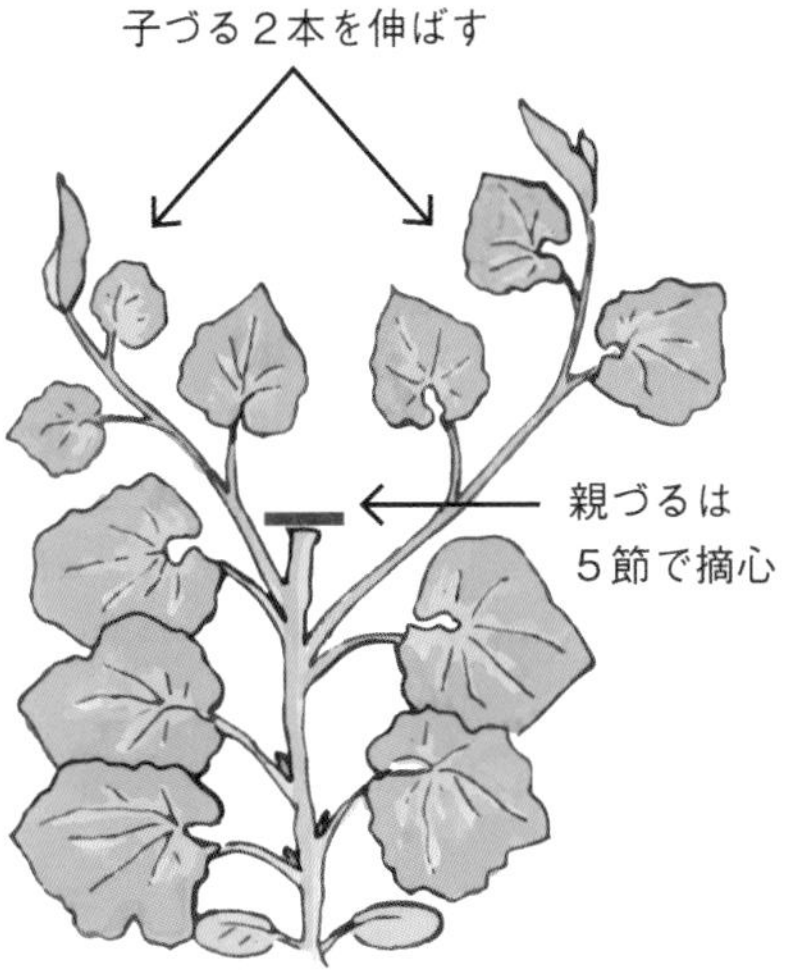

活着してつるが伸び始めたら、苗キャップやあんどんは外す。親づるは5節で摘心し、子づる2本を枠の外に伸ばす。

3 10節以降に人工授粉する

生育初期に開花する雄花や雌花は摘み取り、10節目以降に開花する雌花に雄花の花粉をこすりつける。人工授粉は午前10時までに行う。

4 ヘタがコルク化したらとる

着果したら、果実が地面と接して汚れないようにわらや刈り取った雑草を敷く。果実はヘタの部分が黄土色になって縦に筋が入ったらとりごろ。

ちょっとひと工夫

小スペースで作れる空中栽培

ミニ菜園を囲むようにケージ型の支柱を立てて、つるを空中に誘引してやれば、枠の中で栽培することも可能。つるが茂って実がつくと重くなるので、支柱はハウス用の丈夫な直管パイプを使用し、ひもやキュウリ用のネットを張るか、金属のワイヤーメッシュ※1につるをからませる。実は大きくなる前に果実用のネットに入れて吊り下げる。

※1　ワイヤーメッシュ…細い鉄で格子状に組まれた建築資材。ホームセンターで手に入る。

ズッキーニ

zucchini

［ウリ科］

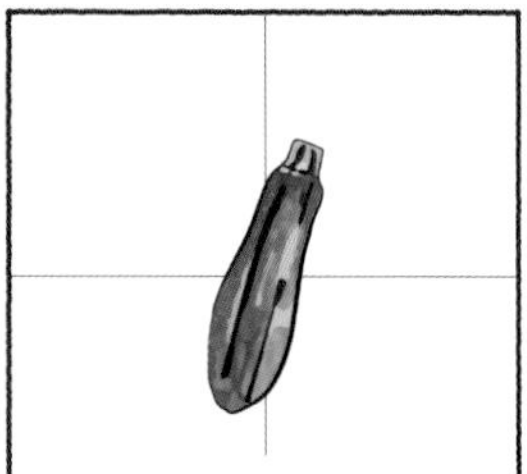

4マス1株

ズッキーニ DATA

植えつけ時期　4月下旬～5月中旬

収穫時期　6月上旬～8月上旬

おすすめ品種　「ゼルダ・パワー」（トキタ種苗）葉柄、節間が短く、コンパクトな草姿。果実は曲がりが少なく、多収。「イエローボート」（カネコ種苗）草勢が強く、ウイルスの耐病性がある。長さ15～20cmの黄色種。

つるが伸びないカボチャの仲間

緑色の長細い果実は、見た目はキュウリに似ているが、ペポカボチャと呼ばれるカボチャの仲間。通常、カボチャはつるが広がってそこに実がつくが、ズッキーニはつるが伸びないので、栽培にカボチャほど広い面積は必要としない。とはいえ茎は1m近くになり、葉が大きく広がるのでミニ菜園で育てる場合、1株で4マス使用する。茎は横に伸ばしたほうが安定するが、**支柱を立てて縦に誘引すればスペースを抑えられ、株元の風通しもよくなる**。

実は詰まった節間に次々つく。夏野菜の中では比較的早い時期から収穫できるが、極端な高温や湿気が苦手なので、梅雨に入ると受粉しにくくなり収量が落ちる傾向にある。受粉がうまくいかないと肥大せず、変形果も増えるので確実に人工授粉する。

育て方

本格的な夏前に短期勝負で収穫する

❶**4マスの中央に苗を植える**。害虫のウリハムシ防除と保温、防風のため、定植後はあんどんや苗キャップをするとよい。

❷茎葉が大きくなったらあんどんや苗キャップを外し、長さ90cmの支柱を立てて茎を誘引する。

❸雄花と雌花が開花したら、雄花を摘み取って雌花の柱頭にまんべんなく花粉をこすりつける。人工授粉は花がしぼむ午前10時くらいまでに行う。

❹受粉後4～5日で果実が15cmほどになったら、果柄部をハサミや包丁で切って収穫する。収穫が遅れると、果実が大きくなりすぎて味が落ちるうえ株にも負担がかかるので、多少小さいくらいで収穫する。黄色く枯れた下葉は取り除いて、風通しをよくする。

スイカ［ウリ科］

watermelon

1マス1株

スイカ DATA

植えつけ時期　5月上旬～5月下旬

収穫時期　8月上旬～8月下旬

おすすめ品種　**「ピノ・ガール」**（ナント種苗）種の大きさが一般的な品種の1/4ほどで、ほとんど気にせず食べられる。草勢が強く、着果性もよい。**「マダーボール」**（ヴィルモランみかど）糖度が高く、つるもちのいいラグビーボール形の小玉スイカ。果重は2.0～2.5kg。

高温と強い光を好む日本の夏の風物詩

アフリカ大陸南部の砂漠地帯が原産で高温・乾燥を好み、野菜の中でもとくに強い光を必要とする。畑は日当たりと水はけがよいことが条件。重さ7～8kgになる大玉が家庭菜園でできると嬉しさもひとしおだが、大きな玉を完熟させなくてはならないため難易度は高い。ミニ菜園では2kg前後の**小玉がおすすめ**。大玉に比べて熟すのが早く、1株から5個前後の収穫が狙える。

生育初期にしっかりと株を育て、収穫までつるを長もちさせるのが成功のコツ。生育初期に栄養を集中させるため、**着果させるのは植えつけから40日以降**にする。それまでについた実はもったいなくても摘果する。収穫適期の判断が難しいので、**開花日をメモしておく**と安心だ。大玉で45～50日、小玉で35～40日が目安。

育て方

子づる4本を伸ばし、植えつけ40日後に着果させる

❶本葉3～4枚の苗を植える。耐病性のある接ぎ木苗がおすすめ。保温とウリハムシ防除のため、苗がある程度育つまで苗キャップやあんどんをする。

❷**本葉8枚前後で親づるを摘心**し、葉のつけ根から出る勢いのいい**子づるを4本伸ばす**。

❸つるは枠の外に伸ばす。わらを敷いておくと、雑草防除になり、巻きひげがからみやすい。着果した実の保護にもなる。

❹植えつけから40日が過ぎたら人工授粉し、開花日を書いた札を立てておく。

❺小玉スイカの場合、**開花から35～40日が収穫の目安**。玉のつけ根に近い巻きひげが茶色く枯れたらとりごろ。1本のつるから1～2果とれる。

corn
トウモロコシ
［イネ科］

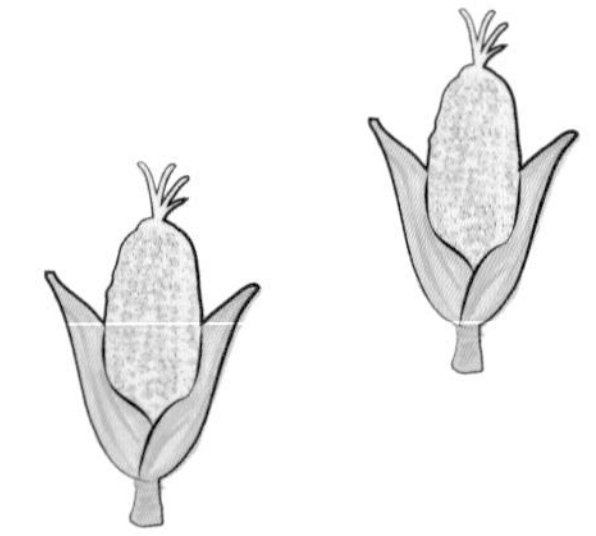

1マス1～2株

トウモロコシ DATA

種まき・植えつけ時期　4月中旬～5月下旬
収穫時期　7月中旬～8月下旬
おすすめ品種　「味来」（パイオニアエコサイエンス）少肥でもよく生育する。強い甘みが自慢。「おおもの」（ナント種苗）糖度は20度超え、穂重は500gになる。「ゴールドラッシュ」（サカタのタネ）皮がやわらかくみずみずしいので生でも食べられる。

複数栽培で確実に受粉させ とれたての甘さを味わう

中央アメリカ原産で、イネやムギと並ぶ世界三大穀物のひとつ。日本では野菜として扱われるが、青果用として栽培されているのは甘みの強いスイートコーン。ポップコーン用のポップ種も家庭菜園用の種が売られている。ほかには飼料用のデントコーンや加工用のフリントコーンなどがある。

成長すると茎の先端に雄穂が発生し、その花粉が雌穂の絹糸※1に受粉することで実ができる。受粉は風によって行われるが、雌穂の絹糸は雄穂の発生から数日遅れて出てくるため自家受粉※2は困難。そのため**複数株を育てる**必要がある。ミニ菜園では**1マスに1～2株で、8株以上**育てたい。雄穂が発生したら切り取って絹糸に花粉を振りかけ、確実に受粉させる。収穫後は急激に糖度が落ちるので、なるべく**早めに調理**する。

※1　**絹糸**…トウモロコシのめしべ。実の先端についている毛で、粒と同じ数だけある。
※2　**自家受粉**…花粉が同一株にあるめしべについて受粉すること。

育て方

2回の追肥と人工授粉で粒を充実させる

1 1穴2～3粒まきで8株以上育てる

種からでも苗からでも育てられる。種は深さ1cmほどの穴に2～3粒まき、覆土後、手のひらで軽く鎮圧する。苗は本葉3枚が植えつけ適期。

2 草丈15cmで間引いて1本に

本葉1～2枚で1回目の間引き、4～5枚で2回目の間引きを行い、1本にする。2回目の間引きと、併せて株元に有機質肥料10gを追肥する。

3 雄穂の花粉を雌穂に振りかける

肥料を多く必要とするので、雄穂が出るタイミングで2回目の追肥をする。雄穂が発生したら、切り取って雌穂に花粉を振りかける。

4 絹糸が茶色く縮れたらとりごろ

品種にもよるが、受粉から20～30日前後に雌穂の絹糸が茶色くなったら収穫適期。外皮を握って実が詰まっているのを確認し、実を倒してもぎ取る。

ちょっとひと工夫

カボチャ、インゲンとの三姉妹栽培

トウモロコシの原産地である中央アメリカ周辺では、マメとカボチャを合わせて「三姉妹」と称し、混植する手法が昔から行われてきた。草丈の高いトウモロコシにインゲンのつるを誘引し、カボチャで地面を覆って乾燥や雑草を抑えるワザだ。トウモロコシがひざくらいの高さに育ってからインゲンとカボチャの苗を植えつけると、三者がそろって生育する。

green soybeans

エダマメ

【マメ科】

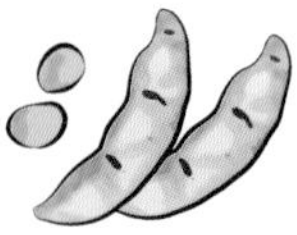

1マス2株

エダマメ DATA

種まき・植えつけ時期 4月中旬～6月中旬

収穫時期 6月下旬～10月上旬

おすすめ品種 **「湯あがり娘」**（カネコ種苗）茶豆風味で食味がよい。3粒莢率が高い中早生種。**「早生白鳥」**（各社）草勢が強く育てやすい。豆は大粒で甘みが強い。**「丹波黒大粒大豆」**（各社）エダマメでもダイズでも利用できる収量性の高い晩生種。

少ない肥料で育ち 畑を肥沃にする力も

ダイズの未成熟果がエダマメ。原産地は中国で、タンパク質を豊富に含み、ビタミンなどの栄養価にも富む。

マメ科の根には根粒菌という菌が共生し、植物の生育に必要な窒素を空気中から取り入れることができる。そのため少ない肥料で育ち、根粒菌が取り入れた窒素はエダマメが枯れたあとも土に残るので、地力の維持にも役立つ。

栽培はとくに難しくないが、開花後にカメムシが発生しやすいので、見つけたらただちに捕殺する。放っておくと汁を吸われて収量が激減するので要注意。

食味には鮮度が大きく影響し、とれたての香りや甘さは店に並んでいるエダマメとは別もの。収穫後はどんどん味が落ちるので、なるべく早くゆでて、とれたてを味わおう。

育て方

2本で共育ちさせ、側枝を増やして収量を上げる

❶種はマスの中央に3〜4粒まく。苗から育てる場合は、1マスに株間15㎝で2株植える。

❷発芽後、子葉、初生葉※1に続いて本葉が開いたら、状態のいい株を2株残して間引く。2本立ちにすることで競い合うように育ち、風にも倒伏しにくくなる。

❸**本葉5～6枚で摘心し、わき芽の発生を促す。**摘心することで、草丈が低く抑えられ、わき芽が増えて収量がアップする。倒伏を防ぐため摘心と併せて株元に軽く土寄せする。

❹早生種で種まきから75日、中生種で85日、晩生種では110日前後が収穫の目安。**さやが膨らんで豆の形がわかるようになったら株ごと引き抜く。**とり遅れるとかたくなって食味が落ちる。

※1　初生葉…エダマメで子葉の次に展開する葉。通常、子葉が展開したあとには本葉が出るが、エダマメやインゲンマメは、本葉の前に初生葉が展開する。

インゲンマメ【マメ科】

common bean

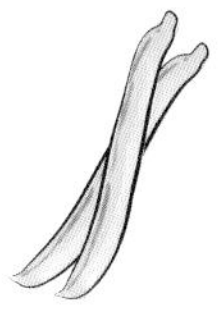

1マス2株

インゲンマメ DATA

種まき・植えつけ時期　4月中旬〜6月中旬

収穫時期　6月上旬〜8月中旬

おすすめ品種　**「サクサク王子」**（サカタのタネ）曲がりがなく、サクサクした歯切れのよい食感が特徴のつるなしインゲン。**「つるなしモロッコ」**（タキイ種苗）さやの長さ14cm、幅1.5cm程度のつるなしの平さや種。さやには筋がなく、肉厚で食べごたえがある。

つるなしならコンパクト。種まきから2か月で収穫可

古代から中央アメリカや南米アンデスで栽培されていたインゲンマメは、江戸時代に隠元という僧によって中国からもたらされたことが名前の由来といわれる。

インゲンマメには「つるあり種」と「つるなし種」があるが、ミニ菜園では株が小さくまとまる**つるなし種がおすすめ**。収量はつるあり種に及ばないが、種まきから50〜60日で収穫できるので、次作へのバトンタッチもスムーズ。栽培期間が短く、一年に3度も収穫できることから、サンドマメと呼ぶ地域もある。

つるなし種は高温の時期に花が咲くとさやつきが悪くなるので、春に種をまいて夏前に収穫する作型。つるあり種は支柱を立ててつるを誘引する。トウモロコシと一緒に育て、茎につるを巻きつけるワザもある。

育て方

つるなし種をマス中央に2本立ちで育てる

❶種はマスの真ん中に重ならないようにして4〜5粒まく。覆土は2cmが目安。苗を入手して始める場合は1マスに2株植える。

❷インゲンマメやエダマメは発芽後、まず子葉が開き、次に初生葉、本葉の順番で展開する。本葉が2枚開いたら、状態のよい株を2本残して間引く。

❸つるなしインゲンは、基本的に支柱を立てなくてもよいが、草丈が50〜60cmになる草勢の強い品種は倒伏しやすいので、短い支柱を立てて誘引してやると安心。

❹種まきから40日ほどで開花し、その後、2週間ほどで収穫できる。**さやに膨らみが出てきたら、あまり大きくなる前にさやのつけ根から摘み取る**。次々とさやがついて、2週間ほど収穫が続く。

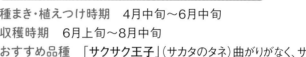

ラッカセイ【マメ科】 peanut

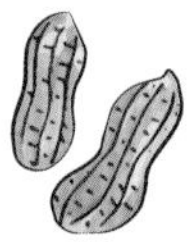

1マス1株

ラッカセイ DATA

種まき・植えつけ時期　5月中旬〜6月中旬
収穫時期　10月中旬〜11月上旬
おすすめ品種　「**おおまさりネオ**」（各社）極大粒で強い甘みがあり、ゆでラッカセイに向く。草勢が立ち性で横に広がりにくく、さやも株元にまとまる。「**千葉半立**」（各社）味のよさからラッカセイの中でも最高級品種といわれる。作りやすい定番品種。

肥大にはカルシウムが必須。開花後、土中に豆ができる

南米アンデスが原産で、日本語の「落花生」は開花後に花のつけ根から伸びるつる（子房柄）が、土に潜り込んでさやになるため。エダマメなどと同じマメ科だが、豆のでき方は独特だ。

マメ科の特徴として、空気中の窒素を取り込んで、植物の養分として供給する**根粒菌が根に共生**しているので、肥料分は少なめでOK。ただし、**さやの肥大にはカルシウムが必須**で、栽培前に有機石灰※1を1マスに15gほど施しておくとよい。種まきは初夏、収穫は秋。掘り上げたら株を逆さにして半日ほど畑で乾燥させるとうまみが凝縮する。

店に並んでいるラッカセイは収穫後に乾かして炒ったものが多いが、家庭菜園なら塩を入れたたっぷりの湯でとれたてをゆでる、ゆでラッカセイも楽しめる。

育て方

開花前の土寄せで、子房柄が潜る手助けを

❶種は横向きにして、マスの中央に2粒まく。深さは2〜3㎝。苗の場合は、本葉2〜3枚に育っていれば植えつけ適期。**ナスやトマトと相性がよく**、株元に植えると空間を効率よく使える。

❷本葉2〜3枚に育ったら、生育のよいほうを残して間引く。

❸発芽から1か月ほどで花が咲き始めるので、その前に**株元に軽く土を寄せる**。土を盛っておくことで、さやになる子房柄が潜り込みやすくなる。

❹品種によって異なるが、一般的に開花から75〜90日程度で収穫する。早いと豆が充実しておらず、とり遅れると食味が落ちる。目安は下葉が黄色く枯れたころ。株ごと掘り上げ、さやが太って網目がはっきりしていれば適期だ。

※1　**有機石灰**…貝殻や卵の殻などを原料とした石灰肥料。

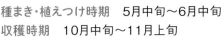

saltwort オカヒジキ

［ヒユ科］

1マス4～9株

オカヒジキ DATA

種まき・植えつけ時期　4月中旬～5月下旬

収穫時期　5月中旬～7月下旬

おすすめ品種　「**オカヒジキ**」（各社）全国各地の海岸の砂地に自生している固定種で、特定の品種はない。寒さに強く、病害虫もほとんどつかない。やせ地でもよく育ち、種まき後30日ほどで収穫できる。

独特の食感が持ち味の日本原産の野草

日本や中国、朝鮮半島が原産地とされ、海辺の砂地に自生している。もともと野草で、野菜として栽培しているのは日本だけ。江戸時代初期に栽培が始まった山形県では特産野菜になっている。オカヒジキの名前は、多肉質の細い葉が海藻のヒジキに似ているため。「陸の海藻」ともいわれる。

種まきから1か月ほどで草丈15cmほどに育ち、茎が分枝して地面をはうように広がる。夏になると花が咲く。**収穫は若い葉を摘み取るか、株ごと抜き取る**。種まきから収穫までの期間が短く、病害虫の被害もほとんどないので栽培は簡単。

コリコリとした独特の食感が持ち味だが、**アクが強いため調理はゆでてから**。おひたしや和え物、サラダ、炒め物、天ぷらなど幅広い料理に使える。

育て方

次々に発生するわき芽を摘んで長く収穫を楽しむ

❶種から育てる場合は、4月中旬～5月下旬に1マス3列で深さ1cmの溝を切り、1～2cm間隔にすじまきする。苗は1マスに4～9株植えつける。

❷1週間程度で発芽するので、本葉が2～3枚になったら、混み合っているところを随時間引き、最終的に株間8cm前後にする。

❸収穫期に**乾燥すると葉がかたくなる**ので、雨が降らない日が続いたら水やりをする。

❹種まき後、30日ほどで草丈が10～15cmほどに育ったら、株ごと抜き取るか、葉の先端を5cmくらい摘み取る。**葉を摘み取ったあとからはわき芽が伸びてくる**ので随時摘み取る。夏になると開花して、茎葉がかたくなるので、それまでに収穫を終える。

okra オクラ ［アオイ科］

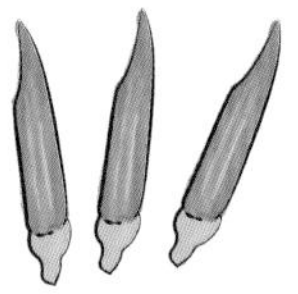

1マス2～3株

オクラ DATA

種まき・植えつけ時期　5月上旬～6月中旬

収穫時期　7月下旬～8月下旬

おすすめ品種　**「平城グリーン」**（ナント種苗）とり遅れてもさやがかたくなりにくく、15cmサイズのジャンボオクラで収穫も可能。**「エメラルド」**（タキイ種苗）肉質がやわらかく食味に優れる丸さや。**「ベニー」**（タキイ種苗）さやが赤紫の多角形オクラ。生でサラダの彩りに◎。

アフリカ原産で暑い夏に元気に育つ

　オクラを刻むと出てくる独特のぬめりは、食物繊維のペクチンと複合タンパク質のムチンによるもの。整腸効果があるとされ、ビタミンやミネラルなども含む。アフリカ大陸原産で、オクラという名前は日本語のようだが、アフリカ・ガーナの言葉に由来する英語名。

　黄色の大きな花は、同じアオイ科のハイビスカスに似て野菜の花の中でもひときわ美しい。高温を好み、生育適温は20～30℃。そのため初期生育は緩やかだが、梅雨が明けて気温が上がるとグンと勢いよく育つ。

　もともと草勢が強く、普通に育てると株が大きくなりすぎ、さやがかたくなるのも早いため、**2～3株をまとめて植えて養分を分散させる**とよい。さやは断面が五角形のものが定番だが、丸いものや多角形のものもある。

育て方

2～3株を一緒に育てて草勢をコントロールする

❶発芽適温が25～30℃と高いので、十分暖かくなってから種をまく。種はマスの中央に重ならないようにして4～5粒まき、1cmほど覆土して鎮圧する。苗は10cmほどの間隔で2～3株植える。

❷本葉2～3枚で生育のいい2～3株を残して間引く。

❸種まき後50～60日で1番花が咲き、さやが発生する。開花後4～5日で**さやが7～8cmになったらさやの根元をハサミで切って収穫**する。収穫が遅れるとすぐにさやがかたくなるので、少し小さいくらいで若どりしたほうがやわらかくて食味がよい。

❹**収穫後、さやの下の葉を1～2枚残して、それより下の葉は切り落とす**。葉落としは収穫のたびに行い、風通しをよくしておく。

モロヘイヤ【アオイ科】

jew's mallow

1マス1～2株

モロヘイヤ DATA

種まき・植えつけ時期　5月上旬～6月中旬

収穫時期　7月下旬～8月下旬

おすすめ品種　**「モロヘイヤ」**（各社）交配・育成された品種はなく、各社が同じ品種を扱っている。草姿は立ち性で、主枝を摘心すると多数の側枝が発生する。高温や乾燥に強く、生育旺盛で栽培は容易。

ぬめりのある葉は摘むほどに収量が増える

野菜の中でもトップクラスのβ-カロテンを含み、ビタミン類も豊富。中近東では「王様の野菜」と称賛されるほど。ぬめりの成分はオクラにも含まれるムチンによるもの。クセがなく、おひたしやスープ、また納豆や豆腐にからめて食べるのもおすすめ。

草勢が強く、病害虫の被害もほとんどないので、**ほぼ放任で簡単に栽培できる**。体長1㎝ほどのマメコガネ※1が葉を食害することがあるが、見つけたら捕殺すれば致命的な被害にはならない。草丈が50～60㎝に育ったら、**枝先を摘み取って収穫すると盛んに分枝し、どんどん収量が増えていく**。

日照時間が短くなると花芽ができ、黄色い小さな花が咲く。開花後にさやがつくが、種には身体に有害な成分が含まれているので口にしないこと。

育て方

側枝を増やしてやわらかい枝先を摘み取る

❶発芽適温は25～30℃、生育適温は20～30℃と高め。気温が低いと発芽しないので、種は十分暖かくなってからマスの中央に5～6粒まく。発芽後、**草丈10㎝までに生育のよい株を1～2株残して間引く**。苗の場合もマスの中央に植える。1つのポットに4～5株育っていることが多いので、植えつけ後、種の場合と同じ時期によい苗を1～2株残して間引く。

❷草丈50～60㎝で**主枝を摘心する**。

❸下葉のつけ根から伸びたわき芽が20㎝ほどになったら**先端のやわらかい部分を10㎝ほど摘み取って収穫**する。残した下葉からはまたわき芽が伸びてきて次々に収穫できる。葉が茂りすぎたら、強めに整枝し、風通しをよくする。

※1　マメコガネ…植物の葉を食べる小型のコガネムシ。

ジャガイモ

potato

【ナス科】

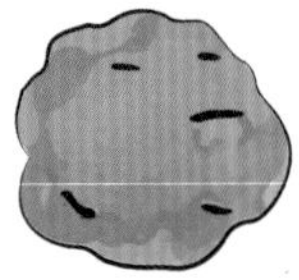

1マス1株

ジャガイモ DATA

植えつけ時期 3月中旬～下旬、8月中旬～下旬

収穫時期 6月中旬～7月上旬、12月上旬～下旬

おすすめ品種 「**トヨシロ**」（各社）肥大がよく、収量が多い。粉質で煮くずれしにくい。「**アンデス赤**」（各社）表皮は赤、果肉は黄色で粉質。休眠期間が短く、春作、秋作の両方に向く。「**ホッカイコガネ**」（各社）晩生で多収。貯蔵性に優れる。フレンチフライに向く。

1マスでも収量は十分。種イモの10倍とれる

南米・アンデス山脈の高原地帯が原産で、トマトやナスと同じナス科の野菜。春の家庭菜園のスタートをかざる作物で、3月中旬～下旬に種イモを植えつけて栽培する。関東以南の温暖な地域では、晩夏に植えつけて晩秋に収穫する**秋作も可能**だ。

一般的な栽培では、大きな種イモを2～3片に切り分けて使うが、ミニ菜園では小スペースで収量を上げるため、**種イモを丸ごと1個植えつける**。種イモが大きければ大きなイモがとれる。出芽した芽は2～3本を残してかき取ると養分が集中し、1個1個のイモが太る。一方で、芽をかかずに放任するとイモに大小はできるが、1株からとれる量が多くなる傾向にある。初心者でも失敗が少なく、植えつけから3か月ほどで、種イモの10～15倍のイモが収穫できる。

育て方

2回の土寄せで緑化を防ぎ、イモを太らせる

① 1マスに種イモ1個を丸ごと植える

マスの中央に深さ10cm程度の穴を掘り、種イモを丸ごと植えつけ、5cm厚さで覆土する。出芽した芽が霜にあうと枯れるので早植えは避ける。

② 出芽後、除草を兼ねて土寄せする

出芽後10日ほどしたら、植え穴を埋めるように1回目の土寄せをする。イモをバランスよく太らせたい場合、元気な芽を2〜3本残してかき取る。

③ イモが地上に出ないように株元を盛り上げる

1回目の土寄せから2週間ほどして草丈が伸びたら2回目の土寄せをする。株元が山になるように両手で土を盛る。土寄せすることで、イモの緑化を防ぎ、肥大を促す。

④ 茎葉が黄色く枯れたら収穫適期

開花後、茎葉が枯れて黄色くなったら土が乾いている晴天の日に掘り上げる。スコップを使うとイモを傷つけやすいので、手でていねいに掘る。

ちょっとひと工夫

少量なら苗から育てる方法も

ジャガイモの栽培は種イモを植えつけるのが一般的だが、最近は出芽した苗を販売しているところもある。種イモは500gや1kg入りのものが多く、ミニ菜園で1〜2株しか植えつけない場合は余ってしまうので、苗が手に入れば無駄がない。苗は遅霜の心配がなくなってから植えつける。

サツマイモ［ヒルガオ科］

sweet potato

1マス1株

サツマイモ DATA

植えつけ時期　5月上旬～6月中旬

収穫時期　10月上旬～11月上旬

おすすめ品種　**「ベニアズマ」**（各社）粉質でほくほくしており食味がよい。とり遅れると大イモになりやすいので注意。**「べにはるか」**（各社）甘みが強く、ねっとりとした食感。多収で貯蔵性にも優れる。**「シルクスイート」**（カネコ種苗）甘みが強い粘質系。舌ざわりがなめらか。

乾燥に強いが過湿は苦手。やせた畑でよくできる

中南米原産で、**肥料分の少ないやせ地でよく育つ**ことから、江戸時代の飢饉や戦中は救荒作物として重宝された。高温と強光を好み、乾燥にも強い。一方で過湿は大の苦手。また、肥料分が多すぎるとつるばかり茂ってイモが大きくならない。その点、ミニ菜園では周りの作物が余計な肥料分を吸収してくれるので、よほど土が肥えていなければ失敗は少ない。

サツマイモは**つる苗を植えつけて栽培する**。種イモから伸びたつるを切り取ったもので、つる苗の節から発生する不定根※1が肥大してイモになる。ただ、つる苗は通常10本以上の束で売られていることが多く、ミニ菜園では植えきれない。そこでおすすめなのが、つる苗を採るためのポット苗。苗を植えつけて発生するつるの節を埋めればそこにイモがつく。

育て方

つるは枠の外に伸ばす。110～120日で収穫する

❶つる苗は、**つる先の2～3節が地上に出るようにして、斜めに植える。**

❷ポット苗の場合、マスの端に植えつけ、つるが30㎝ほど伸びたら、先端の葉が2～3枚地上に出るようにして、つるを土に埋める。つるが根づいたら根元をポット苗から切り離す。

❸つるが伸びたら枠の外に出す。繁茂しすぎる場合は、つるから発生した不定根を地面から引き離してつるを裏返す。こうすることで、つるに養分が取られるのを抑えられ、イモの肥大が進む。

❹植えつけから**110～120日が収穫の目安**。株元からつるを刈り取ってイモを掘り上げる。収穫が遅れると大イモになって食味が落ちるので、適期に収穫すること。

※1　**不定根**…葉（葉柄）のつけ根から発生する二次的な根。

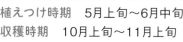

taro サトイモ

［サトイモ科］

1マス1株

サトイモ DATA

植えつけ時期　4月下旬～5月中旬

収穫時期　9月中旬～11月中旬

おすすめ品種　「**土垂**《どたれ》」（各社）子イモを食用とする。収量が多く、貯蔵性もよい。特有の粘りがあり、煮くずれしにくい。「**石川早生**」（各社）関東では9月中旬から収穫できる早生種で、きぬかつぎに利用される。「**セレベス**」（各社）親イモ、子イモの両方を食べる兼用種。

親イモの周りに子イモ、孫イモがたくさんつく

高温多湿の熱帯アジアが原産で、**強い光と水もちのいい畑を好む**。乾燥には弱く、夏場に雨が降らない日が続くとイモが大きくならない。乾燥を防ぐには、わらや籾殻によるマルチが効果的。

種イモを植えて育てるが、芽出しされたポット苗もある。種イモは1袋に十数個入っているので、ミニ菜園で少量しか栽培しない場合はポット苗が経済的。

種イモを植えつけると、まず親イモができて、その周りに子イモ、孫イモがつく。品種によって食用部分が異なり、土垂や石川早生は子イモや孫イモを食べるが、正月料理に使われるヤツガシラは親も子も食べられる。草丈は1m以上になり、葉が大きく茂るので、周りには半日陰でも比較的よく育ち、サトイモと同じように水分を好むショウガを植えるとよい。

育て方

夏は水やりで元気を回復。秋に葉が枯れたら掘り上げる

❶マスの真ん中に深さ20cm、直径20cmほどの植え穴を掘り、**種イモの芽を上にして植えつける**。覆土は10cm程度。

❷芽出しされたポット苗で始める場合は、遅霜の心配がなくなる5月中旬以降に植えつける。

❸サトイモの生育適温は25～30℃。気温が上がらないと発芽に1か月近くかかることもある。本葉が3～4枚展開したら株元に土寄せする。植え穴を掘ったときの土を埋め戻すか、庭の土や培養土を使う。株元には有機物マルチをする。

❹夏に畑が**乾燥するようなときは水をやる**。

❺10月に入って葉が黄色く枯れたら収穫する。地際で葉柄を切り、イモを傷つけないように注意して掘り上げる。

ginger

ショウガ

［ショウガ科］

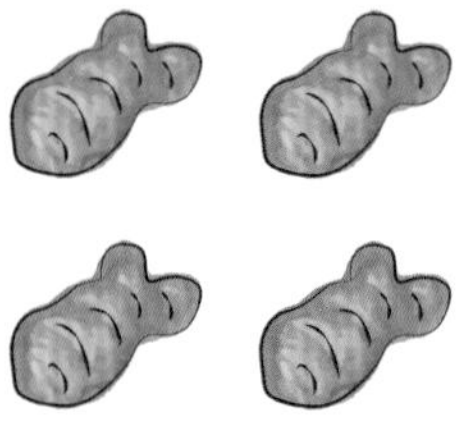

1マス4株

ショウガ DATA

植えつけ時期　4月下旬～5月中旬

収穫時期　10月中旬～11月中旬

おすすめ品種　**「近江」**（各社）肥大性のよい大ショウガ。根茎は500g～1kgになる。さわやかな香りと辛みが特徴。**「三州」**（各社）根茎は小ぶりで、一般に葉ショウガや漬け物に利用される。辛みが強いので薬味にも。**「谷中」**（各社）早生の小ショウガ。夏の早どりに向く。

夏には新鮮な葉ショウガ、秋には肥大した根茎をとる

株がコンパクトで半日陰でも比較的よく育つので、草丈が大きくなる夏野菜の株元にも植えやすい。とくにサトイモとは相性抜群。

熱帯アジア原産で、生育適温は25～30℃。種ショウガを植えつけて育てるが、気温が上がらないとなかなか芽が出ない。少量なら芽出しされた苗で始めてもよい。

種ショウガを植えつけるとその上に新ショウガができ、それが時間とともに肥大していく。秋に大きな根茎として収穫するものを根ショウガといい、夏に小ぶりな根茎でとるものを葉ショウガという。品種には大、中、小があり、**大ショウガは根ショウガ向き、小・中ショウガは芽がたくさん出るので葉ショウガに向いている**。植えつけた種ショウガも、そのまま残るので、ひねショウガとして利用できる。

育て方

暖かくなってから植えつけ、わらや籾殻で夏の乾燥を防ぐ

❶種ショウガは塊になっているので**1片50～100gに割って、マスの四隅に深さ10cmほどの植え穴を掘って植える**。覆土は5cm。

❷芽出しされた苗は、5月中旬以降、暖かくなってから植えつける。

❸地温が15℃以上にならないと芽が動き出さない。気温が低いと発芽まで1か月以上かかる場合もある。発芽後、草丈が15cmくらいになったら、植えつけのときに掘り上げた土を戻すようにして土寄せする。**わらや籾殻を敷いておくと夏場の乾燥防止になる**。

❹8～9月に掘り上げれば、みずみずしい葉ショウガを味わえる。

❺10～11月に葉が黄色く枯れてきたら、根ショウガを株ごと掘り上げる。寒さに弱く、霜にあうと傷むので、その前に収穫する。

ゴボウ［キク科］

edible burdock

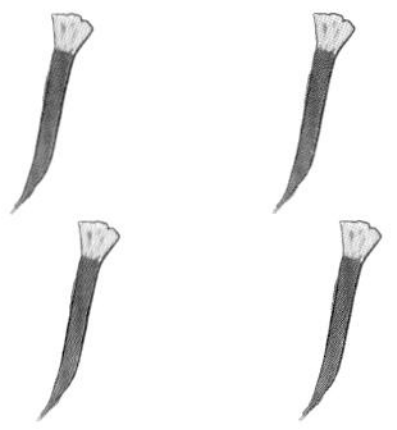

1マス4株

ゴボウ DATA

種まき時期　3月中旬〜5月中旬

収穫時期　7月中旬〜11月下旬

おすすめ品種　「**てがる**」（柳川採種研究会）太さは通常のゴボウと同じで、長さ35〜45cmの短根種。種まき後約100日で収穫できる。「**ダイエット**」（サカタのタネ）長さ30〜40cm。白肌で肉質がやわらかくサラダ向き。「**滝野川**」（各社）根長は1m以上になる。香りがいい。

気軽に栽培できる短根のサラダゴボウ

ゴボウはユーラシア大陸北部が原産地とされるが、食材として利用しているのは日本のほか、韓国や台湾など一部の国だけ。栽培自体は難しくないものの、長根種の根は1mほどになるため深い耕土が必要で、掘り出すのも大変。

ミニ菜園では、**肥料袋や木枠で栽培する**（写真左上）。土を耕したり、掘ったりする手間がなく、収穫も楽にできる。根の長さが40cm前後の**サラダゴボウ（短根種）なら、それほど深い耕土も必要なく、収穫までの期間も短い**ので、手軽に栽培できる。

種は発芽に光が必要な好光性種子で、覆土は薄くする。ただし、薄すぎても乾燥しやすくなり、発芽不良を起こす。目安は5㎜〜1㎝。乾燥を防ぐため種まき後にたっぷり水をやる。病害虫は少なく、発芽すればほぼ放任で育つ。

育て方

長根種は袋や枠で栽培。根を折らないように掘る

❶サラダゴボウは1マス4か所に3〜4粒ずつ点まきする。

❷長根種は、マスに培養土の袋を置いて底を抜く。または、木材で高さ1mほどの底がない枠を作って土を入れる。種は四隅に3〜4粒ずつ点まきする。

❸発芽後、本葉1〜2枚で2本に、3〜4枚で1本に間引く。上に向かって葉がまっすぐ伸びているものは、根もまっすぐ伸びていることが多い。

❹サラダゴボウは種まき後100日前後で収穫。葉を持って引き抜くと根が途中で折れるので、**周りの土を掘って抜き取る**。

❺長根種は120〜150日ほどで収穫。枠をばらすか、軽く揺すって上に引き抜き、周りの土を崩して収穫する。

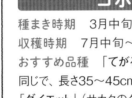

ネギ [ヒガンバナ科]

welsh onion

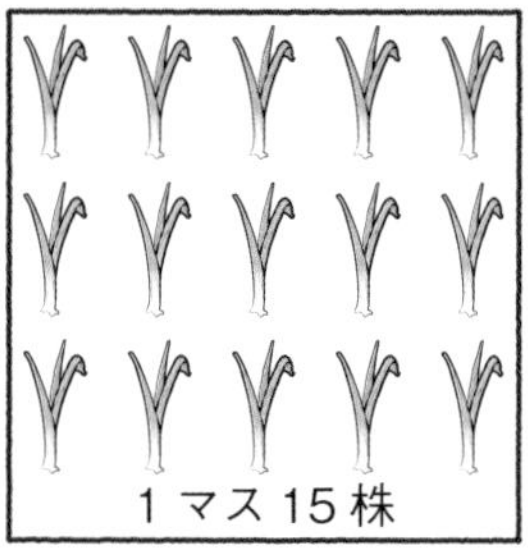

ネギ DATA

植えつけ時期　4月中旬〜6月中旬

収穫時期　9月下旬〜11月下旬

おすすめ品種　「**九条太**」（各社）西日本で広く栽培されている葉ネギ。生育旺盛で5〜6本に分げつする。「**べにぞめ**」（カネコ種苗）株元から盛んに分げつし、土寄せと低温で葉鞘部が赤紫色になる。「**石倉一本**」（各社）軟白部が30cmほどになる根深太ネギ。

ナス科、ウリ科との混植◎。葉ネギなら土寄せいらず

関東では土寄せして葉鞘※1部を軟白させる根深ネギ、関西では葉ネギがよく食べられる。ミニ菜園では、土寄せせずに育てられる葉ネギや小ネギが育てやすいが、根深ネギも難しくない。

ネギには土壌の病原菌を抑える働きがあり、**ナス科やウリ科の病害予防に役立つ**。1マスでネギだけを育てるより、**トマトやキュウリと混植**するのがおすすめ。移植に強いので夏野菜が終わったら、植え替えてそのまま育てることもできる。

葉ネギや小ネギは定植後、草丈が30〜40cmになったら、株ごと引き抜くか、根元を残して刈り取り収穫する。根深ネギは3〜4回の土寄せで葉鞘部を太らせる。冬の鍋料理などにはもちろん、薬味としても使えるのでちょっと育てておくと重宝する。

育て方

3回の土寄せで葉鞘部を太く長く育てる

❶根深ネギは長さ15〜20cm、葉鞘の直径が5mm以上の苗を入手する。1マスに条間10cmで深さ15〜20cmの溝を3列掘り、株間5cmで溝の壁に立てかけるように苗を並べ、根が隠れる程度に2〜3cm覆土する。上に**わらや籾殻、枯れ草を敷いておくと乾燥防止になる**。

❷定植の2か月後、溝を埋め戻すように分岐部まで1回目の土寄せ。

❸1回目の土寄せから1か月後に2回目の土寄せをして、分岐部の下まで土を盛る。

❹さらに1か月後に3回目の土寄せをする。その後、成長に合わせてもう一度土寄せをしてもよい。**最後の土寄せは分岐部が隠れるまでたっぷりと行う**。

❺葉鞘部が40cmほどになったらいつでも収穫できる。

※1　**葉鞘**…葉の根元がさや状になって茎を包む、ネギの白い部分。

ニラ［ヒガンバナ科］

chinese chives

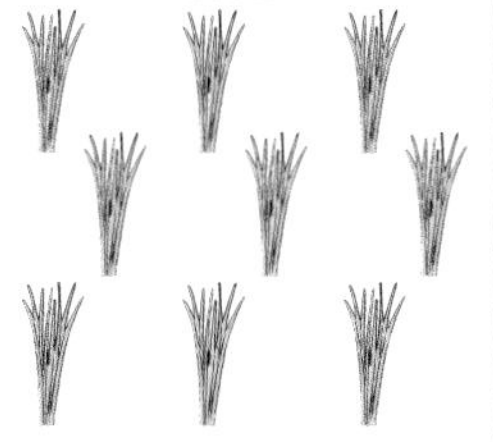

ニラ DATA

植えつけ時期　3月中旬～5月中旬

収穫時期　6月上旬～10月下旬

おすすめ品種　「グリーンロード」（サカタのタネ）刈り取り後の再生が早く、多収できる。「グリーンベルト」（武蔵野種苗園）休眠が浅く、収量性が高い。分げつが盛んで、低温、高温にも強い。「タフボーイ」（八江農芸）葉はやわらかく、肉厚。再生が早く、収穫サイクルが早い。

長く収穫できる多年草。株分けでどんどん増える

野菜の中では珍しい多年草で、**1度植えれば、数年収穫できる**。とても丈夫で、葉を刈り取っても20日ほどで再生し、年4～5回の収穫が可能。

種から育てるのも容易だが、育苗期間が長く、1年目はあまり収穫できないので、**2年目の苗を入手する**のがおすすめ。品質のいい厚みのある葉をとり続けるには、刈り取ったあとに追肥して、葉の再生を促してやるとよい。

分げつが進み、葉が混み合ってくると病気が発生しやすくなるので、**3～4年で掘り上げて株分け**する。株分けしたものは植える場所がなければ、**枠の外側に植えると、枠に沿って増えていく**。

ニラは中国原産で、ネギと同じヒガンバナ科の仲間。土壌病害を抑える働きがあり、ナス科やウリ科との混植にも向く。

育て方

収穫後に追肥して年4～5回とる

❶市販のポット苗を入手する。苗は数本がまとまっているが、そのままで1マスに4～9株植える。

❷秋に草丈が25cm以上になったら株元を3cmほど残して、葉を刈り取って収穫する。

❸**収穫後、有機質肥料10g程度を追肥する**。しばらくして再生する葉をまた収穫できるが、1年目は株を大きくするため、収穫は1～2回に控える。

❹冬になると地上部が枯れるが、春に再生する。草丈が伸びたら刈り取り、その後追肥する。夏までに2～3回収穫できる。

❺夏にトウ立ちしたら、**花が咲く前に摘み取り、株疲れを防ぐ**。秋になると、また2～3回収穫できる。

❻3～4年で葉が混み合ってきたら、掘り上げて株分けする。

cabbage キャベツ
［アブラナ科］

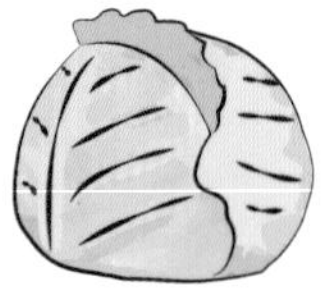

1マス1株

キャベツ DATA

植えつけ時期　3〜4月（春作）、8月下旬〜9月中旬（秋作）
収穫時期　6〜7月（春作）、10〜12月（秋作）
おすすめ品種　「**金系201号**」（サカタのタネ）春作、秋作に向く。耐病性があり育てやすい。「**初秋**」（タキイ種苗）耐暑性に優れ、夏秋どりできる極早生種。「**おてがる**」（大和農園）球重500〜800gのミニキャベツ。

大きな外葉が立派な大玉を作る

キャベツの仲間は地中海沿岸に自生していたアブラナ科の野生種から分化したもので、現在のように結球するキャベツは13世紀にヨーロッパで育成されたと考えられている。日本には明治初期に入ってきたが、もともと冷涼な気候を好むため、当初は東北や北海道で栽培されていた。その後、品種改良が進み、現在では全国で周年栽培されている。

立派なキャベツを作るには、結球が始まるまでに**外葉を大きく育てること**が重要。そのために十分な元肥と適期の追肥で生育を促進させる。根が浅いため乾燥には弱く、結球期に水分が不足すると生育が停滞し、球の肥大が抑制される。過湿も苦手だが、晴天が続き土壌がひどく乾くようなときは潅水が必要。害虫が多い野菜なので、**防虫対策も必須**。

育て方

アブラナ科を列にして植え、まとめてトンネル掛けする

1 本葉3〜4枚の苗を植えつける

春作は3〜4月、秋作は8月下旬〜9月中旬に苗を植えつける。乾燥に弱いので、根にはたっぷりと水を含ませておく。

2 ネットを掛けて害虫防除

ヨトウムシやアオムシが大敵。アブラナ科を列にして植え、まとめて防虫ネットをトンネル掛けするとよい。定植後すぐに行う。

3 結球前に追肥する

立派な球にするには外葉を大きく育てることが重要。植えつけから1か月ほどで外葉が立ち上がってきたら、有機質肥料を10g程度追肥する。

4 締まっていれば収穫適期

球が十分大きくなり、手で軽く押してみてかたく締まっていたら収穫適期。株元から切り取る。球がやわらかいときはもう少し様子をみる。

ちょっとひと工夫

かわいい球がいっぱいできる芽キャベツ

子持ちキャベツとも呼ばれ、長く伸びる茎に直径2〜3cmのかわいらしい球が30〜50個つく。キャベツより寒さに強く、8月下旬〜9月中旬に苗を植えつけて、11月〜翌年にかけて収穫する秋冬作が一般的。定植後90日、本葉20枚くらいでわき芽が結球し始めるので、下葉をかきながら肥大した球を順次収穫する。

ブロッコリー・カリフラワー［アブラナ科］

broccoli & cauliflower

1マス1株

ブロッコリー・カリフラワー DATA

植えつけ時期　3〜4月（春作）、8月下旬〜9月中旬（秋作）

収穫時期　6〜7月（春作）、10〜12月（秋作）

おすすめ品種　「ハイツSP」（タキイ種苗）頂花蕾、側花蕾兼用で多収が期待できるブロッコリー。強健で耐暑性にも優れる。「美星」（サカタのタネ）手のひらサイズのミニカリフラワー。オレンジの品種もある。

小さなつぼみの集まりを食用する花野菜

ブロッコリーやカリフラワーのもこもこした食用部分は、花蕾と呼ばれる小さなつぼみの集まり。祖先はキャベツと同じアブラナ科の野生種。つぼみや花茎が肥厚化したのがブロッコリーとなり、突然変異でカリフラワーができた。

栽培方法は同じだが、カリフラワーは茎の先端にできる頂花蕾しか収穫できないのに対し、ブロッコリーは頂花蕾をとったあと、**葉のつけ根から次々と側花蕾が発生**し（品種による）、長く収穫を楽しめる。

側花蕾は、スーパーなどに並ばない家庭菜園だけの味。サッとゆでてサラダにしたり、スープの具にしたり、小さな花蕾は使い勝手もいい。頂花蕾をとるときに**茎を長く残しておくと小さな側花蕾がたくさんつき、茎を短く残すと数は少ないが大きな側花蕾がつく。**

育て方

頂花蕾収穫後の追肥で側花蕾の発生を促す

1 ブロッコリーは兼用品種を選ぶ

ブロッコリーは頂花蕾と側花蕾の両方がとれる兼用品種を選ぶ。苗は本葉3～4枚が植えつけ適期。定植後、防虫ネットをトンネル掛けする。

2 追肥、土寄せする

植えつけてから約1か月後、本葉8～10枚で有機質肥料10gを追肥する。併せて株元に軽く土寄せしておくと伸びた茎の倒伏防止になる。

3 頂花蕾を収穫する

頂花蕾が発生すると20日ほどで肥大するので、直径が10～15cmになったら、つぼみが膨らむ前に茎を5～10cmほどつけて収穫する。

4 側花蕾を収穫する

ブロッコリーは頂花蕾収穫後、有機質肥料10gを追肥し、側花蕾の発生を促す。葉のつけ根から出る側花蕾はつぼみが開き始める前に茎をつけてとる。

ちょっとひと工夫

側花蕾専用の茎ブロッコリー

「スティックセニョール」(サカタのタネ)に代表される茎ブロッコリーは、側花蕾の収穫を目的にした品種。頂花蕾は大きくならないので、直径2～3cmのころに摘み取る。その後に発生する側花蕾は、15～20cmに伸びたら花茎ごと切って収穫する。花茎はアスパラガスに似た食感でほんのりと甘みがある。1株から15本程度収穫できる。

ハクサイ［アブラナ科］

chinese cabbage

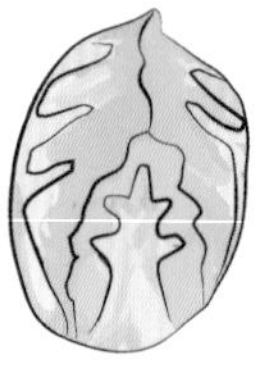

1マス1株

ハクサイ DATA

植えつけ時期　8月下旬～9月中旬

収穫時期　10月下旬～翌年1月

おすすめ品種　**「耐病六十日」**（タキイ種苗）外葉が小さく密植に向く。耐病性もあり極早生で生育が早い。**「CRお黄にいり」**（タキイ種苗）球重600g～1kg。定植後40日ほどで収穫可能。**「娃《わ》々《わ》菜《さい》」**（トキタ種苗）300～500gの食べきりサイズ。

作りやすく、使いやすいミニ品種がおすすめ

原産地はキャベツなどと同じ地中海沿岸地域だが、中国で改良されたものが現在のハクサイの原種といわれている。

日本で栽培されている野菜の中ではひときわ大きく、1玉あると数日分の料理に使える。ただ、ミニ菜園での作りやすさや使い勝手を考えると、おすすめはミニハクサイ。定植から40～50日で収穫でき、栽培期間が短い。

キャベツと同じように**球の肥大は外葉の生育にかかっている**ので、肥料を切らさないように追肥して草勢を維持することが重要。苗の植えつけは適期を厳守。早いと暑さで障害が出やすく、害虫被害も増える。逆に遅いと、外葉が大きくなるまでに気温が下がって結球できない。寒さにはとても強く、**霜にあうと糖度が増して食味もよくなる**。

育て方

適期を逃さず植えつけ、肥料切れに注意する

1 本葉4〜5枚の苗を適期に植える

本葉4〜5枚の苗を植える。9月中旬を過ぎると、葉が巻き始める前に寒さで成長が止まり結球しないので、適期を逃さず植えつける。

2 ネットで害虫を防除

キャベツと並んで害虫被害が多いので、苗を植えつけたらすぐに防虫ネットを張る。食害を見つけたときは、害虫を探してすぐに対処する。

3 結球が始まる前に追肥する

定植から1か月ほどして、葉が立ち上がってきたら有機質肥料10gを追肥し、結球期に肥料が切れないようにして草勢を維持する。

4 球の締まりを確認して収穫する

ミニハクサイの場合、植えつけ後40〜50日、普通のハクサイは60日程度で収穫できる。球の先端を軽く押して、よく締まっていればOK。

ちょっとひと工夫

トウ立ち菜も絶品

アブラナ科のハクサイは、芽が動きだした段階で低温に感応し、高温長日下でトウ立ちする性質がある。ハクサイはこのトウ立ち菜も絶品で、食味は専用品種のナバナにも負けていない。定植の遅れなど、なにかの原因で結球しなかったときは、春まで畑に置いてトウ立ち菜を利用するとよい。結球しなかった開いた葉も自家用として食べるには問題ない。

ダイコン
daikon

［アブラナ科］

1マス1株

ダイコン DATA

種まき時期　3〜4月（春作）、9月（秋作）

収穫時期　6〜7月（春作）、11〜12月（秋作）

おすすめ品種　**「耐病総太り」**（タキイ種苗）根長38cm、根径8cm程度になる青首ダイコン。す入りが遅く、肉づき良好。**「三太郎」**（タキイ種苗）根長20〜30cm程度になる短形タイプ。好みのサイズで収穫可能。**「紅くるり」**（松永種苗）皮も中身も赤いミニダイコン。

短形品種なら耕土が浅い畑でも育てやすい

中近東原産で、日本への渡来は古く、各地でその土地に合った地方品種が発展。消費量の多い野菜であることから品種改良も盛んに進み、形や大きさ、用途など品種のバラエティーが豊富だ。

定番は首の部分が地表にせり上がり、薄い緑色になる青首ダイコン。煮物や漬け物、サラダなど幅広い用途に向く。対して、白首ダイコンは、辛みが強く大根おろしやたくあんに最適。

栽培は比較的簡単で、発芽もよく生育初期の害虫さえ防除すれば放任でぐんぐん大きくなる。まっすぐ太いダイコンを作るには、とにかく**土をよくほぐしてやわらかくしておくこと。耕土の目安は30cm**。土の塊や未熟な有機物があるとまた根や曲がりの原因になるので取り除いておく。ミニ品種なら耕土の浅い場所でも育てやすい。

育て方 やわらかい土でまっすぐ根を伸ばす

1 土をよくほぐして3〜4粒まく

深さ30cmを目安に土をよくほぐす。種は重ならないようにして3〜5粒まく。深さは1cm。覆土したら手のひらで軽く押さえる。

2 生育初期の害虫を防除

生育初期にハイマダラノメイガやカブラハバチなどの害虫被害にあいやすい。不織布のベタ掛け、または防虫ネットをトンネル掛けして防除する。

3 2回の間引きで1本に

本葉2〜3枚で、生育の悪い株を間引いて2本にする。2回目の間引きは本葉5〜6枚。残す株の根を傷つけないように株元をハサミで切る。

4 首の太さを見て収穫する

収穫までの日数は種袋の説明が参考になるが、その年の気候などによって若干左右される。首の太さを見て十分肥大していればOK。葉のつけ根を持って引き抜く。

ちょっとひと工夫

ラディッシュや葉ダイコンもミニ菜園にぴったり

ラディッシュは二十日ダイコンともいわれ、種まきから20〜40日で収穫できる小型のダイコン。赤、白、紅白、丸形、紡錘形、長形など色や形もバラエティー豊か。葉ダイコンは葉っぱの利用を目的としたダイコンで、和え物や炒め物、サラダなどに適する。いずれも栽培方法は108〜109ページのアブラナ科の葉物と同じ。

carrot ニンジン［セリ科］

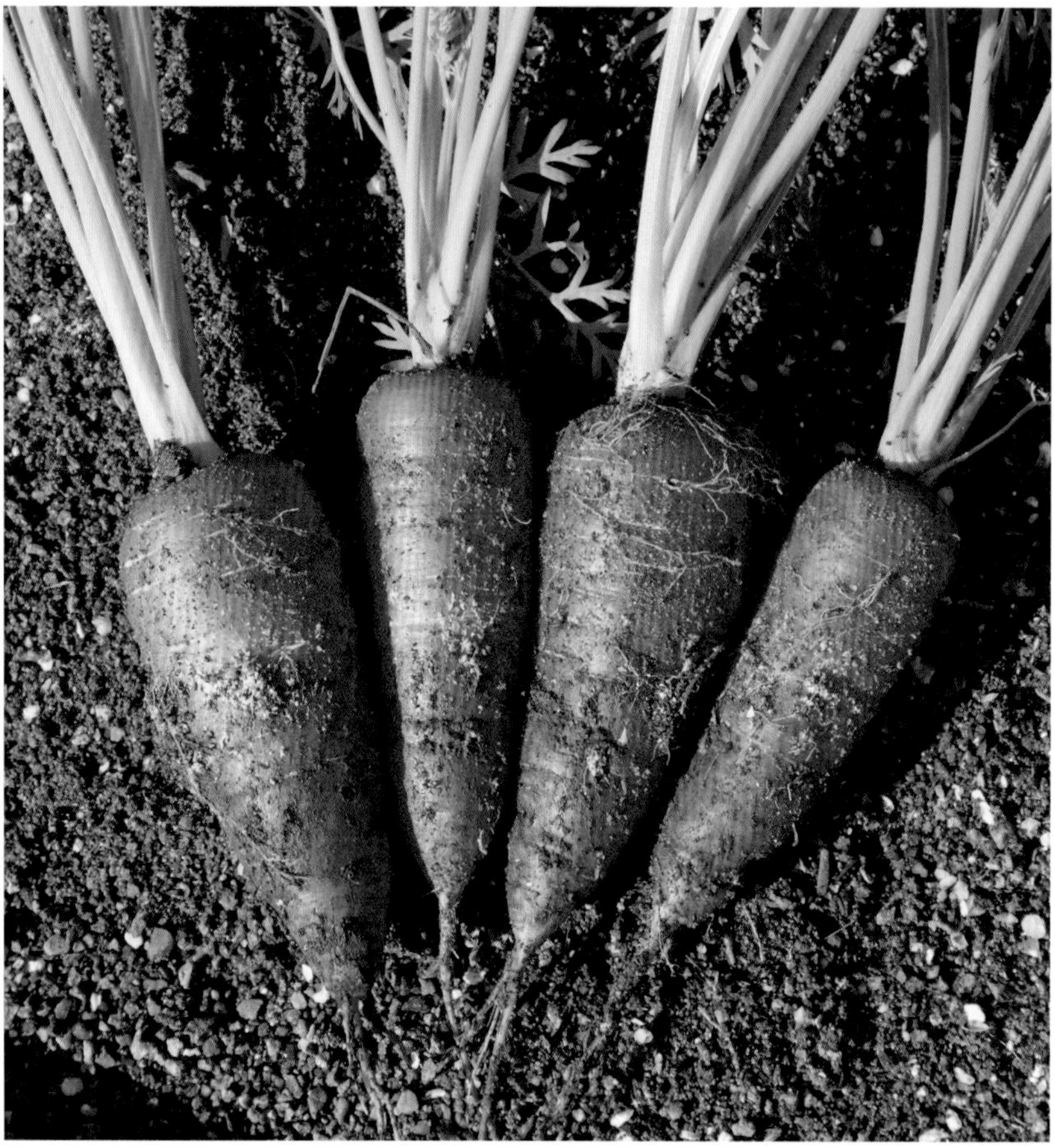

1マス12〜15株

ニンジンDATA

種まき時期　3月上旬〜4月上旬（春作）、7月下旬〜8月下旬（秋作）

収穫時期　6月下旬〜8月上旬（春作）、11月上旬〜翌年2月（秋作）

おすすめ品種　**「向陽二号」**（タキイ種苗）耐暑性に優れる春作・夏作兼用種。**「ベーターリッチ」**（サカタのタネ）小葉で、草丈が低く、密植・少肥栽培に向く。

発芽したら半分は成功。生育初期の除草はしっかりと

ニンジンの原産地はアフガニスタンで、ヨーロッパに伝播した西洋種とアジアに伝わった東洋種がある。日本で一般に流通しているのは西洋種。東洋種は金時ニンジンに代表されるように赤、白、黄など色が多彩で、細長いのが特徴。

春作も秋作もできるが、春作は生育後半の気温が高くなり、病気が発生しやすいため寒冷地向き。一般地では秋作が育てやすい。

ニンジンは**「発芽したら半分は成功したようなもの」**といわれ、栽培自体は難しくないが、とにかく発芽しにくいのが難点。コツは**発芽まで土を乾かさない**こと。種まきはなるべく雨のあとの地面が湿っているときに行い、乾燥しているときはたっぷり水をやる。発芽後は初期生育が遅いので、草に負けないように**こまめに除草する**ことも大切。

育て方

種をまいたらたっぷり水やり、籾殻マルチで乾燥を防ぐ

1 条間15cmで3列にすじまきする

枠内の土を平らにならし、条間15cmで、3列に深さ1cmの溝を切る。種は1cm間隔でまき、覆土後、手のひらで軽く鎮圧し、たっぷり水をやる。

2 籾殻マルチで乾燥を防ぐ

発芽まで1週間から10日ほどかかるので、その間土が乾燥しないように、籾殻や不織布を掛けて地表を覆う。発芽しなかったときはまき直す。

3 2回の間引きで株間を5〜6cmにする

発芽後はこまめに除草する。本葉2〜3枚で最初の間引きを行い、株間を2〜3cmに。本葉10枚前後で株間を5〜6cmにする。

4 肩の肥大を見て収穫する

種まきから110日前後で収穫できる。株元の土を軽く掘って、肩の部分が直径4〜5cmになっていれば収穫適期。2月まで畑に置いても大丈夫。

ちょっとひと工夫

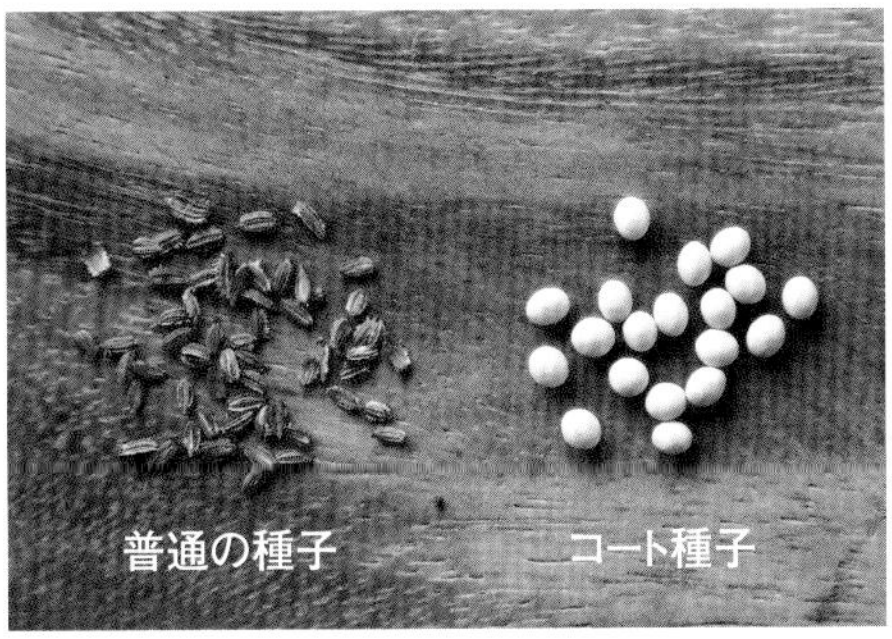

発芽率のいいコート種子

本来、ニンジンの種は周りに毛が生えているが、市販のものはその毛が取り除かれている。ただ、それでもニンジンの種は小さく、形がいびつで扱いにくいため粉体で種を覆って球状に加工したコート種子(ペレット種子)もある。通常の種に比べると高価だが、発芽率が高く、失敗が少ないのでおすすめ。コート種子は種袋に記載がある。

レタス【キク科】

lettuce

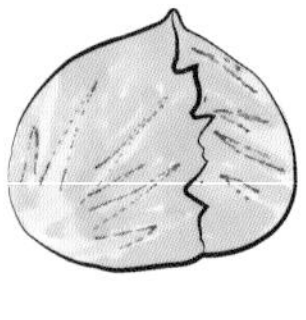

1マス1～4株

レタスDATA

植えつけ時期 3月上旬～4月上旬(春作)、8月下旬～9月下旬(秋作)

収穫時期 5月下旬～6月上旬(春作)、11月上旬～12月(秋作)

おすすめ品種 **「シスコ」**(タキイ種苗)低温結球性に優れた秋作向け玉レタス。**「レッドウェーブ」**(サカタのタネ)葉に紅色がかかった耐寒性の高いリーフレタス。

玉レタスは難易度高め。作りやすいのはリーフレタス

レタスの仲間は形や性質からいくつかの種類に分けられる。結球する玉レタス、半結球型のロメインレタス、縮緬状の葉が広がるリーフレタス、下葉をかいて収穫するカキチシャ(サンチュ)など。原産地は中近東から地中海地方といわれ、日本には平安時代までにカキチシャが伝わり、玉レタスは江戸時代に渡来した。

玉レタスは、見た目はアブラナ科のキャベツに似ているが、キク科のためアオムシなどの害虫は少ない。温度には敏感で、低温や高温では結球異常が発生しやすいため、**生育適温(18～23℃)**で育つように植えつけ時期を守る。結球しないリーフレタスやカキチシャは生育が早く、栽培は容易。キク科の野菜は香りに**害虫忌避効果がある**とされ、アブラナ科のコンパニオンプランツとしても活用できる。

育て方

マルチで泥はね、雑草を抑え、涼しい気候で育てる

【リーフレタス・サンチュ】

1 枠の隅に4株植える

本葉3〜4枚に育った苗を枠の四隅に1株ずつ植える。株元にはわらや籾殻を敷いて雨による泥はねや雑草を抑える。

2 成長したら間引き収穫する

成長して葉が重なるようになったら、対角線上の2株を小株で収穫し、残した株を大きく育てる。

3 葉をかき取りながら長くとる

草丈が20cmくらいになったら収穫する。収穫は株ごと抜いてもよいが、必要な分の葉をかき取るように収穫すると長く楽しめる。

【玉レタス】

1 たっぷりの水で活着を早める

本葉3〜4枚に育った苗を枠の中心に1株植える。適温で結球をスムーズに進めるためには初期生育が重要。根にしっかりと水を含ませてやることで活着が早まる。

2 籾殻マルチで病害を防除

害虫被害は少ないが、軟腐病やべと病など多湿や土壌伝染性細菌による病害が発生しやすいため、株元に籾殻を敷いて泥はねや雑草を抑える。

3 頭頂部を押して締まりを確認

定植後は基本的に放任でOK。結球が始まると2〜3週間で収穫適期となるので、球の締まりを確認して株元の茎をハサミやナイフで切る。

アブラナ科の葉物

leaf vegetable

【アブラナ科】

1マス1～16株

アブラナ科の葉物 DATA

種まき時期　周年

収穫時期　周年

おすすめ品種　**「きよすみ」**（サカタのタネ）病気や暑さに強いコマツナ。**「シャオパオ」**（サカタのタネ）草丈10～15cmのミニチンゲンサイ。**「京みぞれ」**（タキイ種苗）小株どりに向く早生種のミズナ。**「コーラルリーフフェザー」**（タキイ種苗）鮮やかな赤紫葉のカラシナ。

短期で収穫。小株どり、周年栽培も可能

コマツナやチンゲンサイ、カラシナ、ミズナなど、アブラナ科の葉物はミニ菜園にとても適している。点まきやすじまきして**間引きながら収穫**できるので、最初はベビーリーフとして、次はミニサイズでサラダに、残った株は大株に育ててと、異なる食味を楽しめる。

栽培期間も短く、暖かい季節なら**種まきから40日**ほどで収穫できる。暑い季節は耐暑性のある品種を選び、寒い季節はビニールトンネルで防寒すれば、**周年栽培も可能**。ただ、本来は冷涼な気候を好む野菜が多いので、一般地では春と秋が作りやすい。旬の時季は葉もみずみずしくシャキッとして食感もいい。

アオムシやヨトウムシなどの害虫には注意。種まき後はすぐに防虫ネットや不織布を掛けて飛来を防ぐと安心だ。

育て方

間引き菜を楽しみながら株を大きく育てる

※30〜45ページの作付けプランで紹介しているアブラナ科の葉物は、コマツナ、チンゲンサイ、ミズナ、カラシナ、ツケナ、ルッコラ、タカナ、サントウサイ、タアサイ、ナバナ、コウサイタイ。葉ダイコンやラディッシュ、菜っ葉類がミックスされたベビーリーフも育て方は同じ。このうちナバナとコウサイタイは抽苔した茎葉と花蕾を食用とし、そのほかは株ごと収穫して大きく育った葉を利用する。

1 すじまきは1cm間隔、点まきは4〜5粒まく

土を平らにならし、コマツナやチンゲンサイなど、比較的株が小さな野菜は3列にすじまき、タアサイやタカナなど葉が大きく展開するものは、枠の中心に4〜5粒点まきする。

2 害虫を防除する

アブラナ科の野菜にはアオムシやヨトウムシ、キスジノミハムシなどの害虫が発生するので、発芽する前に不織布や防虫ネットを掛けて防除する。

3 本葉1〜2枚で1回目の間引き

すじまきした種は発芽後、本葉1〜2枚で隣の株と葉が重ならない程度の間隔に間引く。点まきした種は、生育の悪い株を間引いて2本立ちにする。

4 密植にならないように間引く

成長して密植ぎみになったら、その都度間引いて株間を確保する。点まきしたものは本葉5〜8枚で2回目の間引きを行い、1本にする。

5 野菜に合った適期にとりきる

コマツナ、チンゲンサイ、ルッコラ、ミズナは小株から随時収穫し、残した株を大きく育てる。草丈20〜25cmくらいでとりきる。

6 ナバナは花蕾と茎を摘み取る

ナバナやコウサイタイは、茎の先端についた花蕾が1〜2輪開花したら茎を15cmくらいつけて摘み取ると、わき芽が伸びて、次々に収穫できる。

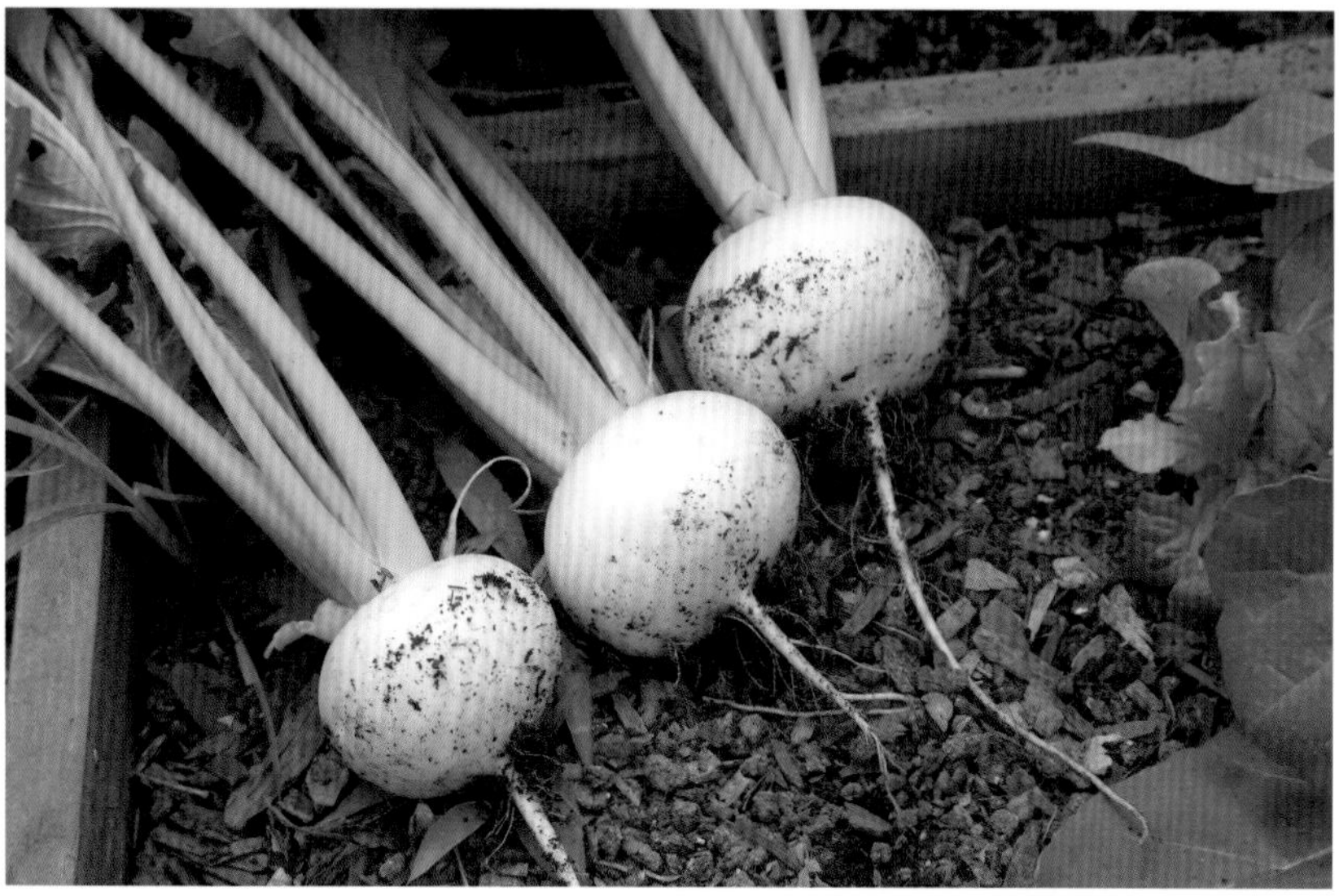

turnip
カブ［アブラナ科］

1マス4～9株

カブ DATA

種まき時期　3月中旬～5月上旬、8月下旬～9月下旬

収穫時期　5月上旬～6月下旬、9月下旬～11月下旬

おすすめ品種　**「金町小カブ」**（各社）直径5～8cmほどの純白のきれいな玉になる。肉質が緻密で甘みがある。**「あやめ雪」**（サカタのタネ）首に近い部分が紫で、下半分は白の色合いが美しい小カブ。**「スワン」**（タキイ種苗）小・中・大カブまで随時収穫できる。

大・中・小あり、地方品種が豊富。葉にも栄養たっぷり

ヨーロッパから中央アジアが原産で、日本でも古くから栽培されており、色や形、大きさなどが異なる地方品種がたくさんある。大きさで分けると直径5～8cmの小カブ、10cm前後の中カブ、10cm以上になる大カブがある。**ミニ菜園で育てやすいのは小カブ。種まきから40～50日で収穫**できる。

玉はもちろん、葉も栄養豊富で、みそ汁の具や和え物、炒め物など幅広い料理に向く。

アブラナ科なので害虫防除は必須だが、栽培自体は簡単。コマツナなどと同じように**すじまきして、間引きながら収穫**を楽しめる。春まきもできるが、冷涼な気候を好むため、気温が徐々に下がっていく秋まきが育てやすい。肥大した玉は収穫が遅れるとす※1が入ったり、裂根※2したりするので、早どりを心がける。

育て方

間引きながら株間を広げ、玉を大きく育てる

❶根菜は移植できないので種から育てる。小カブは条間10cmで3列に深さ1cmの溝を切り、1～2cm間隔で種をまく。中・大カブは4か所に4～5粒を点まきする。

❷コナガやアオムシなどの害虫がつきやすいので、**種をまいたらすぐに防虫ネット**を掛ける。

❸種まき後、3～4日で発芽する。すじまきした小カブは、本葉2～3枚で隣の株と葉が重ならない程度に間引く。その後は成長に合わせて株間が狭いところを**随時間引きながら、最終的に9株**にする。

❹点まきした中・大カブは本葉2～3枚で2本立ちにし、本葉4～5枚で1本にする。

❺小カブは根径5～8cmで収穫、中・大カブは10～20cmくらいを目安に収穫する。

※1　す…収穫遅れなどが原因で、球の中に空洞ができる現象。食味が落ちる。
※2　裂根…根菜の根が割れること。収穫遅れや土壌水分の急激な変化で発生する。

ホウレンソウ【ヒユ科】

spinach

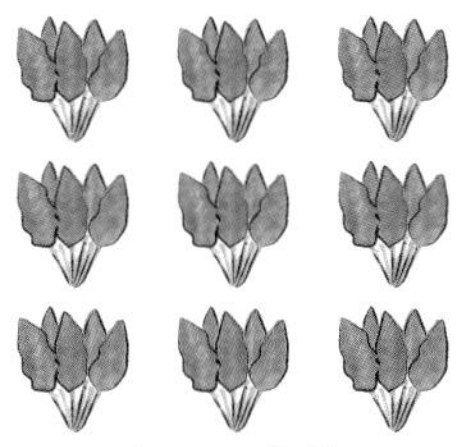
1マス9株

ホウレンソウ DATA

種まき時期　3月中旬〜5月上旬、8月下旬〜10月上旬

収穫時期　5月上旬〜6月下旬、9月下旬〜12月下旬

おすすめ品種　「**日本ホウレンソウ**」（各社）秋まきに適した食味に優れる固定種。やや細葉で葉には切れ込みがある。「**みやび**」（トーホク）鮮紅色の茎がサラダの彩りに好適。春まき、秋まきのどちらにも向く。「**寒味・極**」（トキタ種苗）葉は肉厚で縮みがある。甘みが強い。

栄養抜群の緑黄色野菜。寒さにあうと甘みが増す

中央アジアが原産で、日本には江戸時代に中国から伝わった東洋種と、明治に欧米から入ってきた西洋種がある。東洋種は葉の切れ込みと赤い根が特徴。西洋種は厚みのある丸葉で、トウ立ちしにくいため春まきにも向く。

ホウレンソウは、ほかの野菜に比べてアルカリ性に近い土壌を好み、酸性土壌では発芽しても本葉2〜3枚で成長が止まってしまう。そのため、栽培前には有機石灰をまいて**pH6・5〜7になるように酸度調整**することが求められる。耐寒性は高く、0℃以下でもよく耐え、**寒さにあうと凍結を防ぐために糖分を蓄積するので甘みがグッと増す**。

収穫するときは根元の赤い部分を落とさないように。甘みが強く、骨の形成に必須のマンガンなどの栄養も含まれている。

育て方

pH6・5〜7の土で育てる。種まき後はしっかり鎮圧

❶種まきの1週間前に、1マスにつき**20〜30gの有機石灰**を施して土壌酸度をpH7・0に近づける。土壌酸度計を使うと正確。

❷条間15cmで深さ1cmの溝を切り、1〜2cm間隔で種をまく。アブラナ科の葉物に比べてホウレンソウの種は発芽しにくいので、覆土したあとは**手のひらや板でしっかり鎮圧**する。土が乾燥している場合は、種まき後に水をやると発芽しやすくなる。

❸発芽後、本葉1〜2枚で隣の株と葉が重ならない程度に間引き、その後も混み合っているところを間引きながら、最終的に1マス9株にして大株に育てる。

❹草丈が20〜25cmになったら、根の赤い部分をつけて、その下をハサミで切って収穫する。

スイスチャード

swiss chard

［ヒユ科］

スイスチャードDATA

1マス4～9株

種まき・植えつけ時期　4月上旬～9月下旬

収穫時期　5月下旬～12月上旬

おすすめ品種　「アイデアル」（サカタのタネ）葉の軸がカラフルで菜園の彩りに最適。「ビエトラ・トリコローレ」（トキタ種苗）暑さ、寒さに強く、ほぼ一年中栽培できる。「ブライトライト」（タキイ種苗）ベビーリーフから大株まで収穫可能。

一年中栽培でき、菜園の彩りにも最適

赤や黄や緑の鮮やかな葉と葉柄が目を引くスイスチャードは、南ヨーロッパ近辺が原産とされ、和名はフダンソウ。漢字で「不断草」と書く。**暑さ、寒さに強く、一年を通して絶えず収穫できる**のが和名の由来。ホウレンソウと同じヒユ科の野菜で、病害虫の被害が少なく栽培は容易。カラフルな葉柄と葉はおひたしや炒め物、サラダの彩りにおすすめ。

栽培品種は少なく、日本で古くから栽培されている小葉の在来種と、明治に導入され、その後土着した西洋種に分けられる。一般にスイスチャードと呼ばれる品種は葉が縮緬状になるのが特徴。種まきから40～50日で収穫できるので、ちょっとスペースができたときなどにも育てやすい。鮮やかな葉は庭の景観の一部として〝見せる菜園〟にももってこいだ。

育て方

茎を摘み取りながら長く収穫する

❶種は条間15cmで3列に溝を切ってすじまきか、9か所に点まきする。すじまきの場合は1～2cm間隔、点まきは1穴に3～4粒の種をまく。苗は1マス4か所に植える。

❷スイスチャードの種には発芽抑制物質が含まれており、**発芽しにくいので、覆土後は水分を吸収しやすいように鎮圧して種と土をしっかり密着させる**。土が乾いている場合は水をやる。

❸発芽後、本葉1～2枚で隣の株と葉が重ならない程度に間引き、その後も密植ぎみのところを間引きながら、最終的に1マス4～9株にする。点まきは本葉4～5枚で1本にする。

❹草丈20～25cmになったら**株ごと抜き取るか、必要な分だけ外葉をかいて収穫**する。

シュンギク

［キク科］

garland chrysanthemum

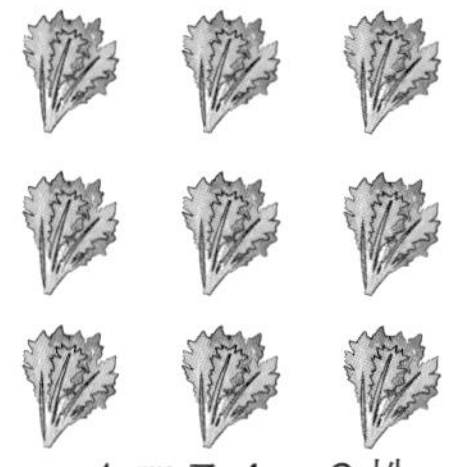

1マス4～9株

シュンギク DATA

種まき時期　3月中旬～5月上旬、8月下旬～9月下旬

収穫時期　5月上旬～6月下旬、9月下旬～11月下旬

おすすめ品種　「**さとゆたか**」（サカタのタネ）側枝の発生が多く、摘み取り収穫に向く。「**スティックシュンギク**」（武蔵野種苗園）葉が上部に集中し、茎がやわらかく甘みがある。生のままサラダで食べられる。

やわらかい茎葉を摘む。コンパニオンプランツにも

春になるとキクに似た黄色い花が咲き、原産地のヨーロッパではもともと観賞用に栽培されていたが、中国に伝わって野菜として改良された。

葉の切れ込みが浅い大葉種、切れ込みが多い中葉種、切れ込みが深くて細かい小葉種があり、関西では大葉種、関東では中葉種が好まれる。中葉種は品種によって側枝が横に大きく広がる株張り型、側枝がどんどん伸びて摘み取り収穫に向く立ち性型に分けられる。

ミニ菜園には**中葉種の立ち性型がおすすめ**。秋まきなら、春にトウ立ちするまで長く収穫を楽しめる。

シュンギクはレタスと同じキク科で、独特の香りが**アブラナ科の害虫を忌避する効果がある**とされ、コンパニオンプランツとしても有用だ。コマツナやチンゲンサイなどと同じマスで混植してもよい。

育て方

側枝を増やして秋から春まで収穫する

❶条間15㎝で深さ1㎝の溝を切り、1～2㎝間隔で種をまく。好光性種子なので覆土は深くしすぎない。苗は1マスに4～9株植える。

❷5～7日で発芽するので、本葉2～3枚で隣の株と葉が重ならない程度に間引き、その後も密植ぎみのところを間引きながら、最終的に株間10㎝、1マス4～9株にして大株に育てる。

❸種まきから40～50日で草丈が20～25㎝になったら**大葉種や株張り型は株ごと抜き取って収穫**する。立ち性型は株元の葉を5～6枚残して主枝を切ると、残した葉のつけ根からわき芽が出るので、20㎝くらいに成長したら、**わき芽の下葉を2～3枚残してやわらかい枝先を摘み取る**。次々にわき芽が伸びて春まで収穫が続く。

pea
エンドウ
【マメ科】

1マス2株

エンドウ DATA

種まき・植えつけ時期　10月上旬～11月中旬
収穫時期　4月下旬～6月中旬
おすすめ品種　「**スナック753**」（サカタのタネ）肉厚で甘みの強い大さやのスナップエンドウ。「**スジナイン**」（トキタ種苗）筋がないサヤエンドウ。筋を取る手間がなく、すぐに調理できる。「**ホルンスナック**」（サカタのタネ）草丈80cmほどのつるなしスナック。生育旺盛な早生種。

食味の異なる3タイプ。幼苗で越冬させるのがコツ

中央アジアから中近東原産で、古代エジプトでも栽培されていたといわれる歴史のある作物。日本への伝来も平安時代と古い。そんなエンドウには3つのタイプがある。未熟なやわらかいさやを食べるサヤエンドウ、充実した豆をさやごと食べるスナップエンドウ、緑色の未成熟の豆を食べる実エンドウ（グリーンピース）だ。栽培に大きなちがいはないので、どれを作るかは好みで選べばいい。

エンドウは低温にあうと花芽ができるため、秋に植えて春から初夏に収穫する作型が一般的。冷涼な気候を好み、**幼苗は寒さに強いが、株が大きくなると耐寒性が落ちる**ので、越冬前にあまり大きくしないことがポイントだ。種は10月上旬以降、苗は10月下旬以降にスタートする。**草丈10㎝が越冬の最適サイズ**だ。

育て方

春に支柱につるを誘引。やわらかいさやが次々とれる

❶種は、マスの中央に重ならないようにして3～4粒まく。市販の苗はポットに2～3本芽が出ていたらそのままマスの中央に植えてOK。越冬前に株が大きく育ちすぎると寒さで枯れてしまうので、一般地なら**苗は10月下旬以降**に植えたほうがよい。

❷本葉2～3枚で間引いて、生育のいいものを2本立ちで育てる。

❸3月に入ったら、つるが伸び始める前に**フェンス式で支柱を立てて、ネットを張る**。

❹4月になると花が咲き、さやがつき始める。キヌサヤはさやの中の実がわかる程度、スナップエンドウはさやがパンパンに膨らんだら、実エンドウはさやにしわが出たら収穫する。次々にさやがつき、収穫は1か月程度続く。

ソラマメ［マメ科］

broad bean

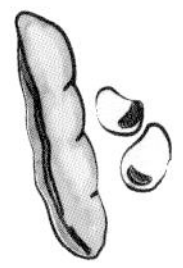

1マス1株

ソラマメ DATA

種まき・植えつけ時期　10月上旬〜11月中旬

収穫時期　5月上旬〜6月中旬

おすすめ品種　**「打越一寸」**（サカタのタネ）3粒莢率が高い中早生種。草勢が強く、耐寒性にも優れる。**「駒栄」**（サカタのタネ）花芽分化に低温が不要で、秋まき、春まきの両方で栽培できる。**「ポポロ」**（武蔵野種苗園）長さやで1つのさやに6〜7粒入る。生食にも向く。

鮮度が命！　初夏にとれる大粒の甘い豆

中近東原産で、マメ類の中でもひときわ大きく上品な甘みがあり、食べごたえがある。

エンドウと同じように一定の寒さにあうことで花芽ができるので、秋にスタートして翌年初夏に収穫する作型が一般的。栽培期間が長く、管理には多少手がかかる。

花芽の形成のため幼苗で越冬させるが、本葉5枚以上になると耐寒性が落ちるので、早植えして大きくしすぎないように注意。また、**アブラムシがつきやすいので防虫ネットをしておく**と安心だ。

春になると盛んに分枝して側枝が増えるが、放任すると養分が分散してさやが充実しないので、元気な枝を6〜8本残して摘み取る。

収穫後は鮮度が落ちるのが早いので、すぐにさやから豆を出し、たっぷりの湯で2分程度ゆで、早めに食べるようにする。

育て方

整枝して養分を集中、大きなさやをとる

❶種をマスの中央に一粒まく。種は、お歯黒といわれる筋が入った膨らみのあるほうを斜め下にして、反対側の頭の部分が少し地表に見えるように浅くまく。苗は越冬前に大きく育ちすぎないように10月下旬以降に植えつける。

❷芽先にアブラムシがつきやすいので、種まき、植えつけ後に目の細かい**防虫ネットを掛ける**。寒風、霜よけにもなる。

❸春になるとわき芽が伸び始めるので、**元気のいい枝を6〜8本残して、ほかのわき芽はつけ根から切り取る**。残した枝に養分が集中し、さやつきがよくなる。

❹開花後につくさやは上を向いているが、豆が充実すると重みで下を向く。さやの筋が黒くなったら収穫。さやの根元から摘み取る。

タマネギ

onion

［ヒガンバナ科］

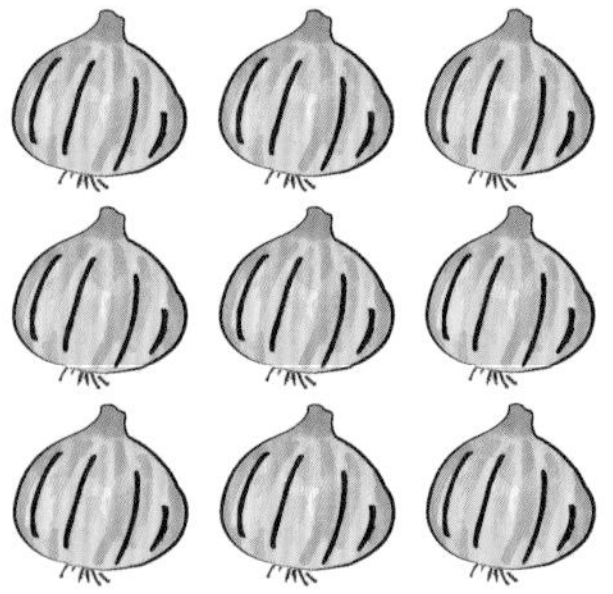

1マス9株

タマネギ DATA

植えつけ時期　11月中旬～12月上旬

収穫時期　5月上旬～6月中旬

おすすめ品種　「ネオアース」（タキイ種苗）平均350gの中晩生種。豊円球で生育旺盛。貯蔵性も高い。「ソニック」（タキイ種苗）5月から収穫できる早生種。「猩々赤《しょうじょうあか》」（タキイ種苗）生食用のレッドオニオン。球は扁円で平均320gほど。少肥栽培に向く。

栽培しやすいのは早生、貯蔵性なら中生、晩生

中央アジアが原産とされ、日本には明治時代に導入された。今では、炒め物、煮物、カレー、ハンバーグなど、さまざまな料理の脇役として欠かせない野菜になっている。生育や貯蔵性には早晩性が大きく影響し、早生は栽培期間が短く、早い時期から収穫できるが、貯蔵性は低い。みずみずしく、辛みがないので生食向き。中生や晩生は、栽培期間は早生より1か月ほど長いがゆっくりと成長するので球の肥大がよく、貯蔵性も高い。

ミニ菜園で**栽培しやすいのは早生**。気温が高くなる前にとれるので病害のリスクも少なく、収穫後に夏野菜の植えつけも可能だ。

タマネギは一定の大きさの苗が一定期間低温にあうとトウ立ちするので、**適したサイズの苗を植える**ことが大切。生育期間が長いので肥料切れにも注意。

育て方

適正サイズの苗と冬場の追肥でトウ立ちを防ぐ

1 鉛筆サイズの苗を植えつける

鉛筆くらいの太さの苗を、株間、条間とも10cmで1枠に9本植える。育ちすぎた苗はトウ立ちしやすく、苗が未熟だと球が大きくならない。植えるときは指で深さ5cmほどの穴をあけ、葉の分岐部が埋まらないように苗を挿す。

2 籾殻やわらマルチで霜浮きを防ぐ

霜柱で根が浮き上がると枯れてしまうことがあるので、ちょっと厚めに籾殻やわらを敷いて防寒する。土壌の乾燥も防げる。

3 2回の追肥で春先の成長を促す

1月下旬と2月下旬にそれぞれ有機質肥料10gを追肥する。条間に溝を切って施用すると土の通気性も改善され、根が伸びやすくなる。

4 葉が倒伏したら収穫する

冬のあいだ、地上部の成長はほとんどみられないが、気温が上がると一気に育つ。立っていた葉が倒伏したら、球が十分肥大したサイン。

ちょっとひと工夫

秋に植えて冬に収穫できるセット栽培

8〜9月にホームセンターや種苗店には、タマネギの小さな球が並ぶ。「セット球」といわれるもので、8月下旬〜9月上旬に球のまま植えつけて再肥大させ、12月〜翌年3月に葉付きタマネギで収穫する。大きなセット球は分球しやすいが、普通に食べられるので、家庭での消費には問題ない。

garlic ニンニク ［ヒガンバナ科］

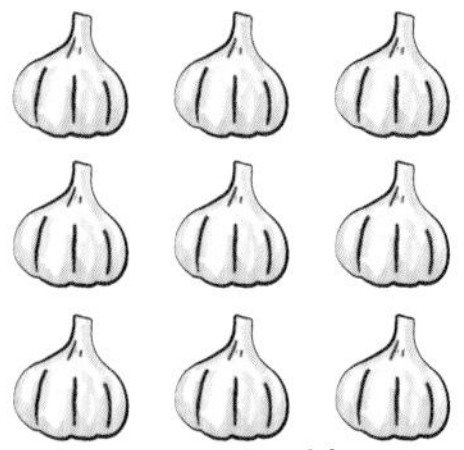

1マス9株

ニンニク DATA

植えつけ時期 9月中旬～10月中旬

収穫時期 5月中旬～6月中旬

おすすめ品種 「**福地ホワイト六片**」（各社）青森県産の寒地系代表品種。とくに関東以北での栽培に向く。肉質の詰まった6片の粒が均等にできる。「**平戸**」（各社）関東以西の温暖な地域に向く。1球100～150gで、鱗片は8～10片程度つく。

寒地型と暖地型。地域に合った品種を使う

強壮効果があり、古くから薬用として利用されていたニンニクは、今では香辛料として料理に欠かせないものになっている。

中央アジアが原産で、日本の品種は青森県産の「福地ホワイト六片」に代表される寒地型と、主に関西以西で栽培される暖地型に大きく分けられる。寒地型は球の鱗片が6個前後なのに対し、暖地型は12個前後で1片1片が小さい。地域の気候に合ったものでないとうまく育たないことがあるので、**品種選びも重要**だ。

栽培は球をばらして鱗片を植えつける。冬の寒さにあうと花芽が分化し、春に新しくできた鱗片が肥大して球になる。栽培期間が長いので、**春先に2回追肥**をして球を太らせる。収穫後は半日畑で乾かし、直射日光が当たらない涼しい場所で保存する。

育て方

追肥は2回。茎葉が枯れたら収穫

❶種球は手でばらして1片ずつに分け、1マスに3×3で9個植えつける。植え穴は深さ5㎝で、種球は芽が出るとがっているほうを上にする。芽出しされたポット苗を使う場合も同じく1マスに9株植えつける。

❷植えつけ後20日ほどで芽が出そろう。**越冬前に葉が3～5枚に生育**していれば理想的。

❸1月下旬と2月下旬に1マス当たり有機質肥料10gを追肥する。

❹春になって気温が上がると、球の肥大と併せてトウ立ちするので、早めに摘み取って球に栄養を集中させる。

❺6月に入り、**葉が黄色く枯れ始めたら収穫**のサイン。天気のいい日に株ごと掘り上げて、半日畑に置いて乾かしてから持ち帰る。

イチゴ

strawberry

【バラ科】

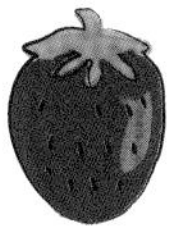

1マス1株

イチゴ DATA

植えつけ時期　10月上旬〜10月中旬

収穫時期　5月中旬〜6月中旬

おすすめ品種　「**宝交早生**」（各社）1果12g前後で小粒だが多収量。1960年登場のロングセラーで露地栽培に向く。「**章姫**」（各社）果実は長紡錘形で1果18gほど。草勢が強く、耐暑性、耐寒性に優れる。「**めちゃウマッ! いちご**」（日本デルモンテアグリ）収穫期間が長い四季なり。

子株で増える多年草。一度植えればずっととれる

現在栽培されているイチゴは、北米と南米の品種をかけ合わせてオランダで誕生したもの。

イチゴは冬の短日・低温で花芽をつけ、春になって気温が上がると開花・結実する性質を持っている。そのため苗は秋に植えつけ、収穫は初夏。栽培期間が長く、生育は自然条件にも左右されるため難易度は高い。繁殖の仕方も独特で、親株からランナーと呼ばれるつるが伸びて、その先に子株ができて増えていく。多年草なので一度植えつければ、翌年もまた実をつけるが、親株の収量はだんだん落ちてくるので、毎年**子株を取って更新する**のが理想的。

品種には初夏に実がなる一季なりと、ほぼ一年中花芽をつける四季なりがある。**食味がよく栽培しやすいのは一季なり**だが、四季なりは収穫期間が長いのがメリット。

育て方

寒い時期の花は摘み取り、春になったら人工授粉

❶苗はマスの真ん中に1株植えつける。**株元の葉のつけ根（クラウン）に成長点がある**ので、そこを埋めないように注意。果実は親株から切り離したランナーのあとと反対側につくので、管理しやすいように植える向きを考えるとよい。

❷晩秋や春先に気温が高いと花が咲いてしまうことがあるが、実にならないので摘み取る。

❸3月になると開花する。訪花昆虫がいれば受粉は自然に行われるが、人工授粉をすると確実。**花の内側を絵筆でこするようにして花粉をめしべにつける**。

❹開花から35～40日でヘタの近くまで赤く色づいたら摘み取る。

❺収穫後、ランナーにつく子株を採って植えつければ苗を増やすこともできる。

バジル［シソ科］
basil

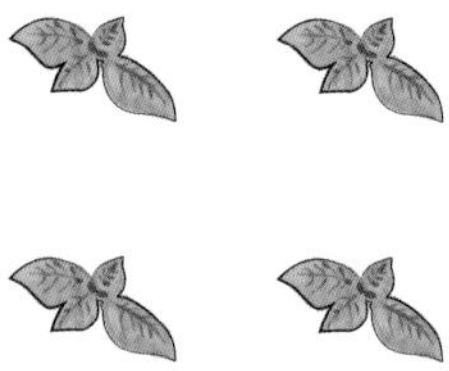

1マス1～4株

バジル DATA

種まき・植えつけ時期　4月下旬～5月下旬

収穫時期　6月上旬～9月下旬

おすすめ品種　「**スイートバジル**」（各社）草丈30～60cmになる一般的なバジル。生育旺盛で、全体に甘い香りがある。「**ダークオパール**」（各社）葉は濃い紫色で花はピンク。カラーリーフとして菜園の彩りにも。「**ブッシュバジル**」（各社）葉がこんもりとまとまって小さく育つ。

料理も栽培も トマトとの相性は抜群

独特の強い香りとさわやかな甘みがあり、パスタやピザ、サラダなど、トマト料理との相性がいい。チーズにも合う。世界中で愛用されているハーブで、なかでもイタリア料理では「バジリコ」の呼称で親しまれ、味を引き立てるのに欠かせない食材だ。

原産地はインドや熱帯アジアで、本来は多年草だが、寒さに弱いため日本では一年草として扱われる。生育適温は20～25℃。夏の高温で旺盛に育ち、日当たりさえよければ、病害虫の被害も少なく、栽培には手間がかからない。

バジルの香りはナス科の害虫が嫌うとされ、**トマトやナスとの混植に向く**。摘心するとわき芽が伸びてどんどん収穫できる。たくさんとれたらペースト状にして冷凍するか、ドライにすれば長期保存も可能。

育て方

つぼみを早めに摘み、わき芽を増やす

❶種はマスの四隅に3～4粒点まきする。苗は本葉5～6枚が植えつけ適期。マスの四隅に1株ずつ植えつける。隣のマスと混み合う場合は中央に1株。

❷7日前後で発芽するので、本葉2～3枚で2本に間引き、本葉5～6枚で1本にする。

❸本葉が10枚以上になったら、**摘心してわき芽の発生を促す**。

❹気温が上がると生育が旺盛になる。わき芽が伸びて枝先につぼみが発達するので、花が咲く前に下葉を1～2節残して先端を**つぼみごと摘み取って収穫**する。開花すると栄養が取られてしまうので、収穫物として利用しない場合も、つぼみは早めに摘み取る。

❺残した下葉からまたわき芽が伸びて、秋まで収穫が続く。

perilla

シソ

［シソ科］

1マス1～4株

シソ DATA

種まき・植えつけ時期　4月下旬～5月下旬

収穫時期　6月下旬～9月下旬

おすすめ品種　「**赤ちりめんしそ**」（各社）葉が縮れた赤紫色のシソ。梅干しの色づけなどに。「**大葉青しそ**」（各社）出穂が遅く、長期間にわたって収穫が続く。「**青ちりめんしそ**」（各社）鮮やかな緑の縮みのある葉。刺身のつまや天ぷらなどに。

葉と穂の両方が楽しめる香りのよい和風ハーブ

品種は赤ジソと青ジソに大別され、葉に縮みがあるものとないものがある。赤ジソは梅干しの色づけやジュースなどに利用され、青ジソはオオバともいい、さわやかな香りが刺身のつまや薬味として料理の味を引き立てる。原産地は中国だが、日本でも古くから栽培されている代表的な和風ハーブだ。

高温性で生育適温は25℃。乾燥には弱く、夏に雨が少ないと葉が小さくなり、食味が落ちるので、株元に**わらや籾殻を敷いて乾燥を防ぎ、こまめに水をやる**とよい。

短日条件で花芽がつき、秋になると穂が伸びて、花穂ジソや穂ジソがとれる。シソの実を塩漬けやしょうゆ漬けにしたものは独特のプチプチ食感と風味があり、さまざまな料理に利用できる。種がこぼれると、春に自然に発芽することも多い。

育て方

乾燥に気をつけて夏は葉を、秋は穂と実を楽しむ

❶種はマスの四隅に3～4粒点まきする。シソは**好光性種子なので覆土は厚くしすぎない**ように注意。5㎜～1㎝が目安。苗は本葉5～6枚が植えつけ適期。マスの四隅に1株ずつ植えつける。隣のマスと混み合う場合は中央に1株。

❷発芽適温は25～30℃と高く、発芽まで10日前後かかる。本葉2～3枚で2本に間引き、本葉5～6枚で1本にする。

❸本葉が10枚以上になったら、必要な分を**下葉から順に収穫**する。葉のつけ根からはわき芽が伸びて、6～10月くらいまで収穫できる。

❹秋になると穂が伸びて、下のほうから花が咲くので、「花穂ジソ」として、穂に実がついたら「穂ジソ」として収穫する。

パセリ［セリ科］

parsley

1マス4株

パセリ DATA

植えつけ時期　4月中旬～5月下旬

収穫時期　6月中旬～翌年2月下旬

おすすめ品種　「**瀬戸パラマウント**」（サカタのタネ）耐暑性、耐病性が高く、丈夫で作りやすい。「**カーリ・パラマウント**」（タキイ種苗）縮みのある葉は濃緑で肉厚。収量性に富む。「**ヴィットリア**」（トキタ種苗）平葉に切れ込みのあるイタリアンパセリ。苦みが少ない。

食欲増進効果もある さわやかな香りのハーブ

若草のようなフレッシュな香りとほのかな苦みがあり、料理のつけ合わせとして定番。大量に使うことはなくても、香りづけや飾りつけにちょっとあると便利。香りには食欲増進効果もある。

ヨーロッパ原産のセリ科の二年草で、暑さ、寒さに強く、0℃以下の低温にも耐える。**冬でも葉を収穫できる**が、一定の大きさに育った株は低温で花芽ができ、春の高温・長日でトウ立ちするため、そこで収穫は終了となる。

パセリは**ナスと相性がいいコンパニオンプランツ**で、お互いの害虫を忌避する効果が期待できる。草丈が低いので、同じマスの株元に植えても互いの生育を阻害しない。

平葉のイタリアンパセリは香りがやさしく、苦みやクセもそれほどないので、サラダやスープにも使いやすい。

育て方

害虫を防ぎ、追肥をしながら長くとる

❶種から始めても難しくないが、初期生育に時間がかかるので苗を入手したほうが手軽。本葉5～6枚の苗をマスの四隅に植えつける。

❷キアゲハの幼虫がつきやすいので、食害を見つけたら捕殺する。

❸葉数が15枚ほどになったら、**外葉から必要な分をかき取って収穫**する。生育を維持するために常に10枚以上の葉を残しておくこと。

❹栽培期間が長いので、葉が小さくなったら1マスにつき**有機質肥料10gを追肥**する。

❺春から秋は4～5日に1枚、冬は8～10日に1枚くらいずつ新しい葉が展開するので、生育のペースに合わせて収穫する。春になってトウ立ちするまで収穫が続く。イタリアンパセリも栽培方法はほぼ同じ。

パクチー

coriander

【セリ科】

1マス4株

パクチー DATA

種まき・植えつけ時期　4月中旬〜5月下旬

収穫時期　6月上旬〜10月下旬

おすすめ品種　「**パクチー**」（各社）コリアンダーの名前がついている場合も。草丈は20〜30cmほど。「**ナリーパクチー**」（トキタ種苗）細葉でやわらかい食感。一般的なパクチーより香りが強い。「**サバイパクチー**」（トキタ種苗）トウ立ちが遅く、周年栽培に向く。

独特の強い香りはエスニック料理に必須

パクチーの由来はタイ語。英名のコリアンダーで呼ばれることも多い。インドや東南アジアをはじめ世界中で多様な料理に使われているハーブだが、クセの強い香りは好みが分かれるところ。

原産地は地中海沿岸で、日本への渡来は平安時代と意外にも古い。ニンジンやパセリと同じセリ科の一年草。春から初夏に種をまくと40〜50日で草丈20cmほどに育つので、必要なときに葉を摘み取って収穫する。秋にトウ立ちして花が咲くと葉の収穫は終わり。その後、結実した**種は乾燥させてスパイスに利用**できる。

生育適温は15〜25℃と幅広いが、湿気が多い日本の夏は苦手。日当たりは必要だが、半日陰になるような場所でもよく育つ。病害の心配はほとんどないが、キアゲハの幼虫には注意。

育て方

夏から秋まで葉を収穫。種はスパイスに利用する

❶種はマスの四隅に3〜4粒点まきする。パクチーの種はかたい殻に覆われていて、中に種が2粒入っている。好光性種子なので覆土は厚くしすぎない。苗から始める場合はマスの四隅に1株ずつ植えつける。

❷発芽には10日〜2週間ほどかかる。発芽後、本葉2〜3枚で2本に間引き、本葉5〜6枚で1本にする。

❸草丈が20cmほどになり、葉が茂ってきたらいつでも収穫できる。株ごと引き抜いてもよいが、必要な分を摘み取れば、新しく葉が出てきて長く収穫を楽しめる。

❹秋になると花が咲いて結実するので、**株全体が枯れたら種をとって香辛料や翌年の種として利用**するとよい。

rosemary

ローズマリー

［シソ科］

1マス1株

ローズマリー DATA

植えつけ時期　4月下旬〜6月下旬、9月上旬〜10月下旬
収穫時期　周年
おすすめ品種　**「トスカナブルー」**（各社）生育が早く、環境によって2m近くになることもある立ち性品種。淡い青紫の花が咲く。**「マリンブルー」**（各社）さわやかな香りがあり、強健な立ち性品種。花は濃いブルー。

肉料理、魚料理に重宝。薬用効果も高いハーブ

さわやかな香りの成分には消化促進や殺菌作用があり、肉や魚のにおいを抑えるのにも重宝する。原産地は地中海沿岸地方。ヨーロッパでは古くから薬用としても使われており、強力な抗酸化作用を持つことから若返りのハーブとも。

常緑性の低木で温暖な気候を好むが、耐暑性、耐寒性も高く、一年を通して緑の葉が枯れることはない。生育旺盛で、放っておくとどんどん大きくなって枝が木質化するので、まめに**切り戻して樹形を整えてやる**とよい。

品種は枝の広がり方で3タイプに分けられる。上にまっすぐ枝が伸びる立ち性、地面をはうように広がるほふく性、両方の中間の性質を持った半ほふく性だ。**ミニ菜園では株がまとまりやすい立ち性を切り戻しながら、コンパクトに育てるとよい。**

育て方

切り戻しで株を更新。挿し木で増やすことも

❶株が上に向かって伸びる立ち性の品種を選ぶ。苗は草丈10㎝以上の株がしっかりしたものを、マスの真ん中に1株植える。

❷草丈が30㎝を超えたら若い枝先を切って収穫する。

❸わき芽がどんどん伸びるので、収穫物が必要ないときも混み合っているところを整枝して**風通しをよくしておく**。

❹栽培期間が長くなると枝が木質化してくるので、開花期（11月〜翌年5月）の前に**株全体を強く刈り込み、新しい枝に更新**する。

❺ローズマリーは挿し木で増やせる。庭先や鉢植えで育てたい場合は、新しい枝先を15㎝ほどカットして切り口を水につけ、1時間ほど吸水させてから土を入れたポットに挿して育苗する。

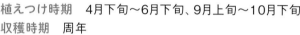

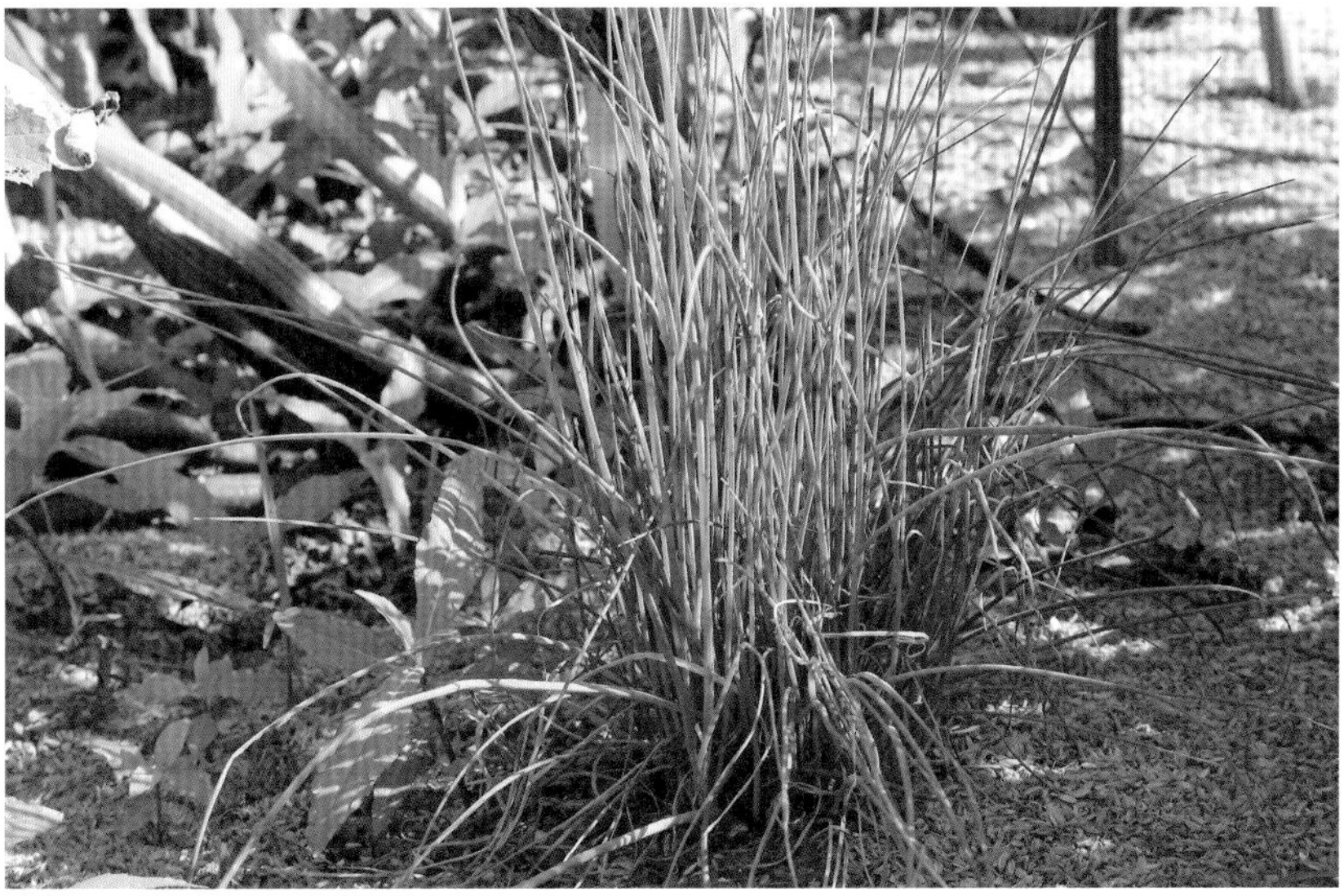

chives
チャイブ
［ヒガンバナ科］

1マス9株

チャイブ DATA

植えつけ時期　4月中旬～5月下旬

収穫時期　5月上旬～11月下旬

おすすめ品種　「チャイブ」（各社）いくつかの品種があり、多くは薄紫色の花を咲かせるが、中には白花の品種もある。かわいらしい花は観賞用として菜園の彩りにもよい。草丈は30cmほどになり、多年生なので一度植えつければ株を更新しながら長く収穫できる。

初夏に薄紫の花が咲くおだやかな香りのネギの仲間

ネギの仲間では最も葉が細く、多年生で冬になると地上部は枯れるが、春にまた萌芽する。初夏になるとトウ立ちして先端に毛糸のぽんぽんのような薄紫色の花が咲く。

原産地はユーラシア大陸といわれ、「エゾネギ」の和名があるように低温性で、北海道や東北にも自生している。弱い光にも耐え、半日陰でも育つが乾燥は苦手。葉にはさわやかな香りがあり、細かく刻んで料理の香りづけ、スープやサラダの彩りなど、幅広く利用できる。卵料理との相性もよく、オムレツの具としてもおすすめ。

ネギの仲間なので**土壌病害を抑える効果**が期待でき、ウリ科のコンパニオンプランツにも。日当たりのよい場所を好むが、**弱い光でもよく育ち**、株も小さいので夏野菜との混植にも向いている。

育て方

1年目は株を育て、2年目から本格収穫

❶種をまいても簡単に育てられるが、生育に時間がかかるので、苗を入手して始めるのが手軽。苗は1マスに9株植えつける。

❷**乾燥に弱いのでわらや籾殻で株元を覆ってやる**とよい。

❸草丈が15㎝くらいになったら収穫を始められるが、**1年目は株を大きくする**ため少量を摘み取る程度にする。

❹冬になると地上部が枯れ、春になると萌芽する。初夏にはトウが立って花が咲くので、**草丈が15㎝ほどになったら株元から刈り取って収穫**する。

❺刈り取ったあとからは、すぐに新しい葉が伸びてきて夏のあいだ収穫が続く。

❻3～4年すると株が弱ってくるので、掘り上げて株を更新する。

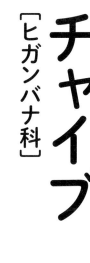

おわりに

家庭菜園を始めて、かれこれ18年になる。

最初の畑は、当時暮らしていた東京郊外の住宅地の小さな庭だった。広さは約8坪。初めての野菜づくりだったので栽培の知識もなく、トマトのわき芽をかくといわれてもどれがわき芽かわからず、放任していたら枝が繁茂して大変なことになってしまったのを覚えている。コマツナの種をまいてたくさん芽が出ても、もったいなくて間引きができなかったし、キャベツやハクサイはたいていアオムシのエサになっていた。いろいろうまくいかなかったこともあるけれど、自分が食べるものを自分で作るということには大きな喜びを感じていたし、とれたての野菜はいつでも最高のごちそうだった。

そのうち家庭菜園にとどまらず、暮らしに必要なものをなるべく自分で作りたいという思いが強くなり田舎に移住したのだが、当初100坪ほどだった畑は、今では田んぼと合わせて5反近くあり、米と野菜に限ればほぼ100%自給できている。


一方で、庭のすぐ前にある畑の一画には5枚のミニ菜園がある。1枚1坪で、通路を含めると全体の広さはおよそ8坪というところだろう。最初に住宅地の庭で始めた菜園とほぼ同じである。しかし、その生産性と管理のしやすさは、計画もなく同じ面積を耕作するのとはまったくちがう。ずっとたくさんの品目を、少ない時間と労力で楽に栽培できるのだ。

それともう一つ、私がミニ菜園を気に入っているのは、それが庭の景観として素敵なことだ。

畑が広くなると耕うん機などの農機具を使うことになり、畝ごとに支柱を立てたり、トンネルを掛けたりもするので、管理の都合上、どうしても南北に畝が並んだいわゆる典型的な畑になってしまうが、本来私がやりたかったのはそういう畑ではない。どこか欧米で見られるような、木やレンガで囲った洒落たキッチンガーデンを求めていたのだ。それがミニ菜園の手法を用いれば実現できるのである。そういうわけなので、わが家では自給用の畑とは別に、ガーデニングとしてのミニ菜園を楽しんでいる。


単純に衣食住だけでは事足りない今の暮らしで、自給できることはたかが知れているけれど、わずか1坪の土地があれば自分が食べる野菜を作れるのだ。それは素晴らしいことではあるまいか。

「自給自足〝的〟暮らし」

そのためには、なにも田舎に住んで広い畑を耕す必要はない。そういう意識を持つことが大切なのだ。ミニ菜園はそのためのはじめの一歩。自分で食べる野菜を自分で作ってみれば、きっと暮らし方に対する意識が変わる。新しいことを始めるきっかけになるかもしれない。

今の私の暮らしも8坪の小さな菜園から始まったのだから。

2024年1月　雨上がりの午後に薪ストーブが燃える書斎で　和田義弥

和田義弥（わだ・よしひろ）

1973年生まれ。フリーライター。20〜30代にオートバイで世界一周。40代を前に茨城県筑波山麓の農村で暮らし始める。約5反の田畑で米や野菜を自給し、ヤギやニワトリを飼い、冬の暖房は100%薪ストーブでまかなう自給自足的アウトドアライフを実践。著書に『増補改訂版ニワトリと暮らす』（グラフィック社）など。
https://www.wadayoshi.com/

ブックデザイン＝松澤政昭
撮影＝阪口 克、和田義弥
イラスト＝和田義弥
校正＝佐藤博子
DTP制作＝天龍社
編集＝小山内直子（山と溪谷社）

●参考資料
家庭菜園大百科（板木利隆／家の光協会）
からだにおいしい野菜の便利帳（板木利隆 監修／高橋書店）
もっとからだにおいしい野菜の便利帳（白鳥早奈英、板木利隆 監修／高橋書店）
日本の有機農法（涌井義郎、舘野廣幸／筑波書房）
コンパニオンプランツで野菜づくり（木嶋利男 監修／主婦と生活社）
農薬に頼らない家庭菜園 コンパニオンプランツ（木嶋利男／家の光協会）
野菜品種はこうして選ぼう（鈴木光一／創森社）
迷わず解決! やさい病害虫ハンドブック（根本久／NHK出版）
家庭菜園レベルアップ教室 果菜1（森 俊人、山田貴義／農文協）
家庭菜園レベルアップ教室 葉菜1（小寺孝治／農文協）
家庭菜園レベルアップ教室 葉菜2（塚田元尚（編）、芹澤啓明、小松和彦、小澤智美、土屋宣明／農文協）
家庭菜園レベルアップ教室 葉菜3（大西忠男、大場貞信、八鍬利郎／農文協）
家庭菜園レベルアップ教室 根菜1（川城英夫／農文協）
家庭菜園レベルアップ教室 根菜2（吉田 稔、中谷誠、大場貞信、鈴木健司／農文協）
新・種苗読本（日本種苗協会編／農文協）
野菜の病害虫診断事典（農文協編）
今さら聞けないタネと品種の話 きほんのき（農文協編）
SQUARE FOOT GARDENING
(Mel Bartholomew／RODALE)
『やさい畑』2014年春号〜2023年秋号（家の光協会）

●参考WEBサイト
サカタのタネ https://sakata-tsushin.com/
タキイ種苗 https://www.takii.co.jp/
農畜産業振興機構 https://www.alic.go.jp/
農林水産省 https://www.maff.go.jp/
文部科学省／https://www.mext.go.jp/

育てやすい&たくさんとれる
一坪ミニ菜園入門

2024年3月5日 初版第1刷発行

著者 和田義弥
発行人 川崎深雪
発行所 株式会社 山と溪谷社
〒101-0051
東京都千代田区神田神保町1丁目105番地
https://www.yamakei.co.jp/

●乱丁・落丁、及び内容に関するお問合せ先
山と溪谷社自動応答サービス
TEL.03-6744-1900
受付時間／11:00-16:00（土日、祝日を除く）
メールもご利用ください。
【乱丁・落丁】service@yamakei.co.jp
【内容】info@yamakei.co.jp
■書店・取次様からのご注文先
山と溪谷社受注センター
TEL.048-458-3455
FAX.048-421-0513
■書店・取次様からのご注文以外のお問合せ先
eigyo@yamakei.co.jp

印刷・製本 図書印刷株式会社

ISBN978-4-635-58051-9